Das
Seesicherheits-
Untersuchungs-
Gesetz
(SUG)

Aktualisierte Textausgabe
2012

und
europäische Rahmenvorschriften

mit
einer
Einführung
von
Ferenc John

Copyright © 2012: Dirk Dietrich, Hamburg

Herstellung: Books on Demand GmbH Norderstedt

Dietrich's Verlag

service@dietrichsverlag.de
www.Dietrichsverlag.de

ISBN 978-3-937413-57-0

Inhaltsverzeichnis

Seesicherheits-Untersuchungs-Gesetz (SUG)

Einführung in die seit dem 1. Dezember 2011 maßgebliche Fassung.

Von der Öffentlichkeit, aber auch – jedenfalls soweit ersichtlich – vom Fachpublikum weitestgehend unbeachtet und geräuschlos, hat der Deutsche Bundestag am 29. September 2011 ohne Aussprache in dritter Lesung einstimmig das **Gesetz zur Änderung des Seesicherheits-Untersuchungs-Gesetzes und zur Änderung sonstiger schifffahrtsrechtlicher Vorschriften** beschlossen. Das Gesetz wurde am **22. November 2011** ausgefertigt, am 25. November 2011 auf S. 2279 ff. des Bundesgesetzblattes Teil I Nr. 59 verkündet und trat am 1. Dezember 2011 in Kraft.

Mit der vorliegenden Publikation soll dem Bedürfnis des Rechtsanwenders nach einer konsolidierten und handlichen Druckversion des in weiten Bereichen novellierten Seesicherheits-Untersuchungs-Gesetzes Rechnung getragen werden. Einleitend wird zuvor der Versuch unternommen, die wesentlichen Änderungen des Gesetzes in gebotener Kürze zu skizzieren. Dabei wird bewusst auf einen zu intensiven Seitenblick auf die den Änderungsbedarf des SUG auslösende **Richtlinie 2009/18/EG des Europäischen Parlaments und des Rates vom 23. April 2009 zur Festlegung der Grundsätze für die Untersuchung von Unfällen im Seeverkehr und zur Änderung der Richtlinie 1999/35/EG des Rates und der Richtlinie 2002/59/EG des Europäischen Parlaments und des Rates** (nachfolgend kurz „Richtlinie") verzichtet[1]. Einerseits ließ die Richtlinie den nationalen Gesetzgebern nur wenig Spielraum im Rahmen der inhaltlichen Umsetzung, so dass das „neue" SUG deren Vorgaben zwangsläufig mehr oder weniger eins zu eins übernimmt, andererseits bietet die vorliegende Textausgabe dem interessierten Leser in ihrem Anhang durch den Abdruck der fraglichen Richtlinie die Möglichkeit, sich selbst ein Bild von der europarechtlichen Ausgangsposition zu machen.

****

Die oben erwähnte, der Verbesserung der Seeverkehrssicherheit und der Vorbeugung von Verschmutzungen durch Schiffe und dadurch gleichzeitig der Verringerung der Gefahr zukünftiger Unfälle auf See dienende Richtlinie der Europäischen Union gab den Mitgliedstaaten auf, die in ihr geregelten und konkretisierten Grundsätze für eine EU-weit harmonisierte Untersuchung von Seeunfällen bis zum 17. Juni 2011 in nationales Recht umzusetzen.

Die Bundesrepublik Deutschland befand sich insoweit in einer recht komfortablen Startposition, denn die in der Präambel der Richtlinie in Bezug genommenen und die Notwendigkeit einer (harmonisierten) Seeunfalluntersuchung definierenden internationalen Rechtsgrundlagen und Empfehlungen (u. a. und insbesondere Seerechtsübereinkommen der Vereinten Nationen vom 10. Dezember 1982, Internationales Übereinkommen zum Schutz des menschlichen Lebens auf See vom 1. November 1974, Internationales Freibordübereinkommen vom 5. April 1966, Internatio-

---

[1] europäische Bekanntmachung L 131/114 DE; Amtsblatt der Europäischen Union vom 28.05.2009.

nales Übereinkommen zur Verhütung der Meeresverschmutzung durch Schiffe vom 2. November 1973, Code
für die Untersuchung von Unfällen und Vorkommnissen
auf See im Anhang der Entschließung A.849(29) der IMO-
Vollversammlung vom 27. November 1997, geändert durch
Entschließung A.884(21) vom 25. November 1999, Richtlinie EG 1999/35/EG des Rates vom 29. April 1999 über ein
System verbindlicher Überprüfungen im Hinblick auf den
sicheren Betrieb von Ro-Ro-Fahrgastschiffen und Fahrgast-Hochgeschwindigkeitsfahrzeugen im Linienverkehr,
IMO-Entschließung A.996(25) der IMO-Vollversammlung
vom 29. November 2007) waren seinerzeit (abgesehen von
der letztgenannten Entschließung) schon Ausgangspunkt
und weitestgehend Richtschnur des Gesetzes zur Verbesserung der Sicherheit der Seefahrt durch die Untersuchung
von Seeunfällen und anderen Vorkommnissen vom 16. Juni
2002 (SUG; BGBl. 2002 I S. 1817 ff.). Diese Rechtsset-
zung führte in der Bundesrepublik Deutschland bereits die
grundlegende Neuausrichtung der Seeunfalluntersuchung
weg von dem historisch gewachsenen, vorrangig sanktions-
orientierten Untersuchungsverfahren (= Seeamtsverfahren)
hin zu einer zusätzlichen und vor allem vollkommen unabhängigen modernen, dem ausschließlichen Ziel der Verbesserung der Sicherheit der Seefahrt verpflichteten Seesicherheitsuntersuchung herbei.

Die Richtlinie der EU aus dem Jahr 2009 geht allerdings in
ihren konkreten Forderungen zum Teil über die bisher geltenden internationalen Regeln und Empfehlungen hinaus
bzw. hat den Anspruch und sieht darüber hinaus auch zur
Verwirklichung ihrer Ziele die Notwendigkeit, den europäischen Einigungsgedanken auch im Bereich der Sicherheitsuntersuchungen von Unfällen im Seeverkehr deutlich
voranzutreiben.

Der deutsche Gesetzgeber stellte sich dieser Herausforderung und korrigierte bei „bei der Gelegenheit" sogleich einen wesentlichen „Geburtsfehler" des SUG, indem er der im Jahr 2002 gewählten Verweisung auf eine Vielzahl von Vorschriften des Flugunfall-Untersuchungs-Gesetzes (FlUUG, BGBl. 1998 I S. 2470 ff.) und der diesbezüglichen Beschränkung des SUG auf einen Katalog von „Begriffsübersetzungen", Ausnahmen und Erweiterungen (vgl. hierzu § 15 SUG a. F.) den Rücken kehrte. Der Lesbarkeit, vor allem aber ganz allgemein der Anwenderfreundlichkeit des Gesetzes dürfte diese Entscheidung sehr gut tun. Nebenbei befreit die Loslösung des SUG von den Bestimmungen des FlUUG den Gesetzgeber von der rechtstechnisch kaum zu bewältigenden Aufgabe, zukünftige international determinierte Änderungserfordernisse in dem einen oder anderen Gesetz umzusetzen, ohne dadurch die jeweils nicht betroffene Rechtsmaterie zu infizieren.

Abgesehen von der letztgenannten und auf den ersten Blick hervorstechendsten Änderung weist das SUG eine Reihe weiterer Neuerungen auf, die es dem Rechtsanwender, insbesondere demjenigen, der es – in gewisser Weise dem Anspruch und Ziel des Gesetzes folgend – hoffentlich nur sehr selten mit der fraglichen Rechtsmaterie zu tun bekommt, zukünftig deutlich einfacher machen, die im Rahmen der Seesicherheitsuntersuchung maßgeblichen Vorschriften zu durchschauen.

***

Vor allem die Neufassung des § 1 SUG mit der geänderten und konkretisierten Festlegung des sachlichen Geltungsbereiches und die Einfügung des § 1 a SUG, der nunmehr ohne einen umständlichen Blick auf sekundäre Rechtsquellen den letztlich für Notwendigkeit und Umfang einer jeden Seesicherheitsuntersuchung geradezu Weichen stellenden Begriff des Seeunfalls in seinen verschiedenen Klassifizierungen definiert, bedeuten einen Quantensprung im Vergleich zum bisherigen Gesetzesinhalt.

Eine Zäsur gegenüber dem „alten" SUG stellt die Ausklammerung der nichtgewerblichen Sportschifffahrt (sofern keine *vorgeschriebene* Besatzung an Bord ist und mehr als 12 Fahrgäste befördert werden) und von Fischereifahrzeugen mit einer Länge von weniger als 15 Metern aus dem Katalog der zu untersuchenden Vorkommnisse dar (vgl. § 1 Abs. 3 Nr. 2 und 3 SUG n. F.). Zwar schafft der Gesetzgeber zu Gunsten der für die Seesicherheitsuntersuchungen seit deren Gründung im Jahr 2002 zuständige Bundesstelle für Seeunfalluntersuchung (BSU) sogleich mit Absatz 4 der genannten Norm eine Öffnungsklausel für diese Fahrzeugtypen. Diese Rückausnahme von der Begrenzung des sachlichen Geltungsbereiches gilt jedoch nur für die deutschen Hoheitsgewässer und die angrenzende AWZ, so dass bspw. der Seeunfall einer deutschen Yacht auf der Hohen See selbst für den Fall mehrerer Todesopfer zukünftig nicht mehr von der BSU untersucht werden darf. Insoweit wird also ohne Not, und unter dem Aspekt des Seesicherheitsgedankens kaum nachvollziehbar, in Sachen Seeunfalluntersuchung ein rechtsfreier Raum geschaffen, zumal nicht ersichtlich ist, warum der etwaige Seeunfall der besagten Yacht bei Vorliegen der übrigen Tatbestandsmerkmale der o. g. Öffnungsklausel ggf. sogar untersucht werden *muss*, wenn dieser sich innerhalb der AWZ ereignet, jedoch noch nicht einmal untersucht werden *darf*, wenn derselbe Unfall auch nur ein Kabel jenseits der Grenze der AWZ eintreten sollte; immer vorausgesetzt, es ist überhaupt möglich, im fraglichen Beispielsfall eine so genaue Unfallposition (noch dazu vor dem Beginn der aber nur in einem der beiden Fälle statthaften Untersuchung) zu ermitteln. Zu betonen ist in diesem Zusammenhang, dass die Vorgaben der Richtlinie zum Anwendungsbereich (vgl. Art. 2) zwar Ausgangspunkt der diesbezüglichen zukünftigen Beschränkung des SUG sind, gleichwohl eine solche keineswegs erforderlich machten, denn Artikel 21 der Richtlinie eröffnet den Mitgliedstaaten ausdrücklich die Möglichkeit, zusätzliche Maßnahmen zur Sicherheit auf See zu ergreifen, also auch solche, die nicht unter die Richtlinie fallen.

***

Wesentlich und im Zuge der Umsetzung der EG-Richtlinie zwangsläufig geändert wurde § 11 SUG. Während aus dem bisher geltenden SUG eine echte Untersuchungs*pflicht* der Bundesstelle für Seeunfalluntersuchung lediglich in engen Grenzen und dann auch jeweils nur in Verbindung mit internationalen und insoweit wiederum nur zum Teil völkerrechtlich bindenden Regeln für bestimmte Unfälle abgeleitet werden konnte, ergeben sich nunmehr in Umsetzung der europarechtlichen Vorgaben klare und eindeutige Maßgaben, unter denen die BSU nach einem Seeunfall tätig werden muss.

Anknüpfungspunkte sind dabei – wie auch bisher schon, nur deutlich konkreter gefasst – die Eingruppierung eines Vorkommnisses als sehr schwerer oder schwerer Seeunfall, die deutsche Flagge, die deutschen Hoheitsgewässer nebst angrenzender AWZ und schließlich ein etwaiges begründetes Interesse der Bundesrepublik Deutschland an einer Seesicherheitsuntersuchung.

***

Bereits auf den ersten Blick erkennbar aufgewertet wird im novellierten SUG der Aspekt der Verpflichtung, international und insbesondere auf der Ebene der EU-Mitgliedstaaten im Rahmen von Seesicherheitsuntersuchungen umfänglich zusammenzuwirken. Gesetzessystematischer Beleg hierfür ist die Einfügung eines neuen Unterabschnitts 3 mit der amtlichen Überschrift „Zusammenarbeit mit anderen Staaten" innerhalb des die Seesicherheitsuntersuchung regelnden Abschnitts 3 des SUG. Dieser Unterabschnitt fasst die diesbezüglichen bisherigen Vorgaben in erweiterter und konkretisierter Form zusammen (vgl. §§ 14 ff. SUG n. F.). Der bisherige 3. Unterabschnitt „Durchführung" rückt an die vierte Position und erhält die neue Überschrift „Durchführung der Sicherheitsuntersuchung". Die Entscheidung, die Regeln für die internationale Zusammenarbeit den Vorschriften über die eigentliche Untersuchung voranzustellen und damit gleichsam vor die Klammer zu ziehen, macht deutlich, welch großen Stellenwert der Gesetzgeber der EU- aber auch weltweiten Kooperation auf dem Feld der Seesicherheitsuntersuchung zukünftig und mehr denn je zuzumessen gedenkt.

***

Die §§ 19 ff. SUG n. F. des Unterabschnitts 4 implementie-
ren, wie oben bereits angedeutet, die ursprünglich über
Verweisungstechnik dem FlUUG entliehenen und nur par-
tiell den Besonderheiten der Seefahrt angepassten, das eigentliche Untersuchungsverfahren der Bundesstelle für
Seeunfalluntersuchung betreffenden Vorschriften, in das
SUG. Darüber hinaus wird durch § 20 Abs. 3 SUG n. F.
eine Rückkopplung zu den Vorschriften des oben bespro-
chenen Unterabschnittes 3 über die EU-weite Zusammenarbeit herbeigeführt. Die genannte Norm bindet das Untersuchungsverfahren der BSU zukünftig an eine von den Mitgliedstaaten und der Europäischen Kommission entwickel-
te gemeinsame Methodik zur Sicherheitsuntersuchung von
Seeunfällen. Diese - für die BSU inhaltlich allerdings wenig Neues bereithaltende - Methodik wurde kurz nach dem
Inkrafttreten des novellierten SUG in Form der **Verordnung (EU) Nr. 1286/2011 der Kommission vom 9. Dezember 2011 über die Festlegung einer gemeinsamen
Methodik zur Untersuchung von Unfällen und Vorkommnissen auf See gemäß Artikel 5 Absatz 4 der
Richtlinie 2009/18/EG des Europäischen Parlaments
und des Rates**[2] verabschiedet und trat ihrerseits am 30. Dezember 2011 (für alle Mitgliedstaaten unmittelbar
bindend!) in Kraft.

∗∗∗

---

[2] Vgl. europäische Bekanntmachung L 328/36 DE;
Amtsblatt der Europäischen Union vom 10.12.2011.

Modifiziert wurden einige Untersuchungsbefugnisse der BSU. Hervorzuheben sind dabei die Aufnahme der Klassifikationsgesellschaften in die Aufzählung der Stellen, die der BSU Einsicht in ihre sachbezogenen Unterlagen zu gewähren haben (vgl. § 22 Abs. 1 Nr. 9 SUG n. F.), die nunmehr gesetzlich normierte Aufhebung des Suspensiveffektes von Widerspruch und Anfechtungsklage gegen Anordnungen der BSU (vgl. § 22 Abs. 5 SUG n. F.) und die den Erfordernissen der Seesicherheitsuntersuchung deutlich besser als bisher gerecht werdenden Regelungen über den Unfallort betreffende Zutrittsrechte Dritter (vgl. § 23 SUG n. F.).

***

Neben diesen Neuerungen verdient die für die Praxis wohl bedeutsamste inhaltliche Änderung des Untersuchungsverfahrens überhaupt besondere Erwähnung. Es ist dies die Verkürzung der Anhörungsfrist für die von dem Untersuchungsbericht besonders betroffenen Personen und Stellen von 60 auf 30 Tage nach Versendung des Entwurfs (vgl. § 27 Abs. 4 S. 1 SUG n. F.). Interessanterweise hat der Gesetzgeber insoweit und mangels einer dortigen Regelung nicht in Umsetzung der EU-Richtlinie gehandelt, sondern sich an entsprechende inhaltsähnliche Vorgaben aus Kapitel 12 Absatz 12.1 des Codes für die Untersuchung von Unfällen und Vorkommnissen auf See (Anlage der IMO-Entschließung A.849(20)[3] und Kapitel 13 Absatz 13.4 des Codes über die internationalen Normen und empfohlenen Verfahrensweisen für die Sicherheitsuntersuchung eines Seeunfalls oder eines Vorkommnisses auf See (Unfall-Unter-

---

[3] Vgl. deutsche Bekanntmachung in VkBl. 2000 S. 128, Sonderband B 8124 S. 21 ff.

suchungs-Code; IMO Entschließung MSC.255(84)[4] ange-
lehnt[5], wobei die dortige 30-Tage-Frist allerdings jeweils
lediglich den regelmäßigen Zeitraum für die Stellungnahme
von Staaten mit begründetem Interesse definiert und dies-
bezüglich auch eine andere einvernehmlich vereinbarte
Frist zulässig ist. Eigentliche Triebfeder für die Verkürzung
der Anhörungsfrist dürfte daher vielmehr die angestrebte
Straffung des Untersuchungsverfahrens sein, zumal nach
neuem SUG der Untersuchungsbericht spätestens 12 Monate nach dem Seeunfall zu veröffentlichen ist (vgl. § 28 Abs.
1 S. 1 SUG n. F.).

Problematisch könnte es im Einzelfall werden, dass der Gesetzgeber die Verkürzung der Anhörungsfrist nicht zum
Anlass genommen hat, insoweit den Zeitpunkt der tatsäch-
lichen Kenntnisnahmemöglichkeit der einzelnen Adressaten zum Bezugspunkt zu machen, sondern nach wie vor allein die Versendung maßgeblich für den Fristbeginn sein
soll. Es liegt auf der Hand, dass die postalische oder elektronische Erreichbarkeit eines Kapitäns im Einsatz oder einer anzuhörenden Stelle am anderen Ende der Welt unter
Umständen einige Tage in Anspruch nehmen kann. Von einer effektiven, den Gleichbehandlungsgrundsatz beachten-
den 30-Tage-Frist für die letztgenannten Adressaten kann
daher im Einzelfall nicht unbedingt die Rede sein.

***

---

[4] Vgl. deutsche Bekanntmachung in VkBl. Heft 23/2010, S. 632 ff.

[5] Vgl. insoweit auch die ausdrückliche und alleinige Bezugnahme auf
die Entschließung MSC.255(84) in der amtlichen Begründung zum Ge-
setzentwurf der Bundesregierung, BT-DS 17/6334 zu § 27 Abs. 4.

Schließlich werden die von der BSU im Ergebnis einer Untersuchung veröffentlichten Sicherheitsempfehlungen aufgewertet. Durch § 29 Abs. 5 SUG n. F. wird eine - jedoch nicht sanktionsbewährte - Berichtspflicht der Adressaten von Sicherheitsempfehlungen über deren Umsetzungsstand gegenüber der BSU normiert.

***

Änderungen, deren Tragweite und praktische Bedeutung gegenwärtig noch nicht abgeschätzt werden können, hat das SUG hinsichtlich des Schutzes der im Rahmen der Seesicherheitsuntersuchung durch die BSU gewonnenen Informationen und Daten erfahren. Zwar werden durch die neuen §§ 33, 34 und 35 SUG die bisher aus § 25 und 26 FlUUG in Verbindung mit §§ 15 Abs. 2 und 19 SUG a. F. abgeleiteten Voraussetzungen und Grenzen einer Weitergabe von Daten und Informationen an andere öffentlichen Stellen in großen Teilen nachgezeichnet bzw. sogar konkretisiert. Die diesbezügliche, nicht eben unbedeutende Einschränkung, die aus Kapitel 10 des IMO-Codes (Anlage der o. g. Entschließung A.849(20)) folgt und die von § 19 Abs. 1 SUG a. F. noch ausdrücklich in Bezug genommen worden war, nämlich, dass die Datenfreigabe die auf einer Interessenabwägung basierende Entscheidung der zuständigen Justizbehörde voraussetzt, wurde jedoch - und das, obwohl in der amtlichen Begründung des Gesetzentwurfes zu § 35 SUG n. F.[6] von einer inhaltlichen Übernahme der bisherigen Regelung die Rede ist - nicht in die geänderten Vorschriften des SUG implementiert.

Dies ist umso verwunderlicher, weil selbst die Richtlinie in Artikel 9 wörtlich festlegt, dass bestimmte *„Informationen*

---

[6] Vgl. BT-DS 17/6334 vom 29.06.2011.

(insbesondere sämtliche Zeugenaussagen) *nicht zu anderen Zwecken als zur Sicherheitsuntersuchung zur Verfügung gestellt werden, es sei denn, die zuständige Behörde des jeweiligen Mitgliedstaates entscheidet, dass ein überwiegendes Interesse an der Verbreitung besteht"*. Stattdessen geht der deutsche Gesetzgeber gegenüber der bisherigen Gesetzeslage sogar einen Schritt zurück, wenn er in § 35 Abs. 1 SUG n. F. lediglich formuliert, dass die Datenübermittlung an öffentliche Stellen zulässig ist, soweit sie im öffentlichen Interesse (in bestimmten, anschließend im Gesetz aufgezählten Fällen) erforderlich ist. Es spricht somit einiges dafür, dass das Kriterium des *„überwiegenden"* öffentlichen Interesses als ungeschriebenes Tatbestandsmerkmal und im Wege der richtlinienkonformen Auslegung in § 35 Abs. 1 SUG n. F. hineingelesen und von der BSU beachtet werden muss.

***

Die am 1. Dezember 2011 in Kraft getretene Änderung des SUG ist ganz wesentlich, besser gesagt wohl ausschließlich durch die Richtlinie 2009/18/EG der EU vom 23. April 2009 initiiert worden. Die Richtlinie beinhaltet ihrerseits keine Regelungen hinsichtlich des im SUG als „Normvollzug gegenüber einzelnen an Bord verantwortlichen Personen im Verwaltungsverfahren" in Abschnitt 4 des Gesetzes geregelten Seeamtsverfahrens. Der deutsche Gesetzgeber sah sich daher nicht veranlasst, auch dieses, von der Seesicherheitsuntersuchung der BSU strikt getrennte, allerdings ebenfalls im SUG geregelte Verfahren, einer normativen Überprüfung oder Änderung zuzuführen. Gleichwohl sei hier erwähnt, dass auch das Seeamtsverfahren zwar vordergründig nur reflexartig, in seiner Wirkung aber durchaus spürbar verändert wurde. Gemeint ist die Begrenzung der sachlichen Zuständigkeit des Seeamtes, die sogar über das diesbezügliche, die BSU betreffende Maß hinausgeht, die aber erstaunlicherweise trotzdem in der amtlichen Begründung des Gesetzentwurfes der Bundesregierung mit Ausnahme eines kurzen Hinweises weder betont noch kommentiert worden ist. Nach § 1 Abs. 3 Nr. 2 und 3 SUG n. F. gilt nämlich das gesamte Gesetz (also auch dessen Abschnitt 4 und nicht etwa nur die Regelungen über die Seesicherheitsuntersuchungen der BSU in Abschnitt 3) zukünftig *nicht* für nichtgewerbliche Sportboote (sofern diese nicht über eine *vorgeschriebene* Besatzung verfügen und mehr als 12 Fahrgäste befördern) und auch *nicht* für Fischereifahrzeuge mit einer Länge von weniger als 15 Metern. Die oben bereits thematisierte diesbezügliche Öffnungsklausel für die deutschen Hoheitsgewässer und die angrenzende AWZ erfasst demgegenüber ausdrücklich nur den Bereich der Seesicherheitsuntersuchungen der BSU, stellt also für das Seeamtsverfahren kein Korrektiv dar.

Während die zukünftige und ausnahmslose Ausklammerung der nichtgewerblichen Sportschifffahrt und kleiner Fischereifahrzeuge aus dem Zuständigkeitsbereich des Seeamtes jedenfalls als vom Gesetzgeber gewollt erachtet werden muss, bestehen insoweit hinsichtlich der zukünftigen (Nicht-)Zulässigkeit des Normvollzuges im Bereich der Berufsausübung auf Fahrzeugen der Wasser- und Schifffahrtsverwaltung des Bundes erhebliche Zweifel.
Während § 1 Abs. 3 Nr. 1 SUG n. F. seit 1. Dezember 2011 ausdrücklich die Nichtgeltung des (gesamten!) SUG u. a. für im Staatsdienst stehende Schiffe normiert, regelt § 41 Abs. 4 SUG n. F. (identisch mit § 22 Abs. 4 SUG a. F.) nach wie vor die Voraussetzungen für die seeamtliche Untersuchung von Unfällen, bei denen Berechtigungen im Rahmen der Berufsausübung für die Wasser- und Schiff-

fahrtsverwaltung (WSV) ausgeübt wurden. Zwar betrifft diese Inkonsistenz der genannten Vorschriften lediglich die kaum praxisrelevante Sonderkonstellation eines Unfalls mit ausschließlicher Beteiligung eines oder mehrerer Behördenschiffe der WSV. Gleichwohl ist festzuhalten, dass in einem solchen Fall die Sperrklausel des § 1 Abs. 3 Nr. 1 SUG n. F. wegen ihres eindeutigen Wortlautes und aus gesetzessystematischen Gründen Vorrang vor den Bestimmungen des Abschnitts 4 des SUG haben dürfte.

Diese Konsequenz mündet zwangsläufig in die vom Gesetzgeber auch in Bezug auf Berechtigungsinhaber auf Sportbooten und kleinen Fischereifahrzeugen unbeantwortet gelassene Frage, warum Berechtigungsinhaber auf Schiffen der WSV (bzw. auf Sportbooten und kleinen Fischereifahrzeugen) sich nur dann einem seeamtlichen Verfahren stellen müssen, wenn ein von ihnen verursachter Unfall auch Verkehrsteilnehmer beeinträchtigt hat, die nicht von der o. g. Sperrklausel erfasst sind. Als überzeugende Antwort auf diese Frage scheidet es jedenfalls aus, darauf hinzuweisen, dass es abseits des Seeamtsverfahrens noch weitere Möglichkeiten gibt, Berechtigungen zu entziehen oder Ausübungsbeschränkungen zu erlassen (vgl. den entsprechenden Verweis in § 41 Abs. 5 SUG n. F. = § 22 Abs. 5 SUG a. F.), denn spätestens mit diesem Argument ließe sich sogleich die Existenzberechtigung des Seeamtsverfahrens – noch dazu in Zeiten knapper öffentlicher Kassen – in Gänze in Frage stellen.

***

Die letzte im Rahmen dieser Einleitung einer besonderen Erwähnung bedürfende Neuregelung des SUG betrifft die Bußgeldvorschriften des § 53 SUG n. F. Die bisherige inhaltsähnliche Bußgeldvorschrift § 34 SUG a. F. wurde neben im Wesentlichen redaktionellen Anpassungen in zwei Bereichen durchaus praxisrelevant geändert bzw. erweitert.

Zum einen wurde die Tatbestandsvoraussetzung „vor der Freigabe" für die Ahndungsmöglichkeit des widerrechtlichen Veränderns der Unfallstelle (vgl. § 34 Abs. 1 Nr. 1 SUG a. F.) als Konsequenz der Neuordnung der Vorschrift über den Unfallort (§ 23 SUG n. F.), die das Kriterium der „Freigabe" wegen unzureichender Praxistauglichkeit eliminiert hat, aufgehoben (vgl. § 53 Abs. 1 Nr. 1 a SUG n. F.).

Die zweite, deutlich brisantere Veränderung betrifft den neu aufgenommenen Bußgeldtatbestand nebst zugehöriger Bußgeldrahmenvorschrift aus § 53 Abs. 1 Nr. 1, Abs. 2 Nr. 1 SUG n. F. für Verstöße gegen Rechtsverordnungen nach § 22 Abs. 4 SUG n. F., d. h. solche, zu denen das Bundesministerium für Verkehr, Bau und Stadtentwicklung durch die letztgenannte Vorschrift zur Verbesserung der Sicherheit im Seeverkehr zukünftig ohne Zustimmung des Bundesrates ermächtigt wird, soweit die fragliche Verordnung für einen bestimmten Tatbestand auf diese Bußgeldvorschrift verweist.

Bedeutung hat insoweit - zum gegenwärtigen Zeitpunkt allein - die **Verordnung über die Sicherung der Seefahrt vom 27. Juli 1993 (SeeFSichV; BGBl. 1993 I S. 1417)** und hier insbesondere deren letzte **Änderung vom 1. Dezember 2011 (BGBl. 2011 I S. 2367 f.).** Eingefügt in die Verordnung wurde die neue Vorschrift § 7 a, die den *Schiffsführer* eines Schiffes, das die Bundesflagge führt, nach einem meldepflichtigen Ereignis verpflichtet, dafür

Sorge zu tragen, dass sämtliche Daten an Bord nach einem Unfall gesichert werden (einschließlich des Verhinderns des Überschreibens der elektronischen Aufzeichnungen des Schiffsdatenschreibers) und dass alle Beweise für die Sicherheitsuntersuchung des Seeunfalls unverzüglich eingeholt und gesichert werden. Diese Verpflichtungen korrespondieren mit der direkt im SUG in § 5 n. F. formulierten Verpflichtung des *Eigentümers* eines die Bundesflagge führenden Schiffes, dafür zu sorgen, dass der jeweilige Schiffsführer zur Umsetzung der o. g., inhaltsgleich formulierten Beweissicherungspflichten unmissverständlich angewiesen wird.

Aus den §§ 53 Abs. 2 Nr. 1, Abs. 1 Nr. 1, 22 Abs. 4 SUG n. F. i. V. m. §§ 7 a, 10 Abs. 1 a SeeFSichV n. F. folgt allerdings, dass lediglich Verstöße des *Schiffsführers* gegen die umfänglichen Datensicherungs- und Beweisbeibringungsverpflichtungen mit einer Geldbuße von bis zu 25.000 Euro geahndet werden können. Insoweit drängen sich zwei Fragen auf. Erstens, ist der Schiffsführer bezüglich der Einholung und Sicherung aller Beweise im Sinne der o. g. Vorschriften in der Praxis und in jedem Einzelfall tatsächlich der richtige bzw. vor allem jeweils der alleinige und/oder vorrangige Adressat, und zweitens, kollidiert eine Ahndung etwaiger Verstöße im genannten Bereich auf Grund der Tatsache, dass alle diese Beweise ggf. auch in etwaigen strafrechtlichen Verfahren gegen den Schiffsführer gewendet werden könnten, nicht unter Umständen mit dem immerhin völker- und verfassungsrechtlich verankerten Nemo-tenetur-Grundsatz[7]?

---

[7] „*Nemo tenetur se ipsum accusare*" – Niemand ist verpflichtet, sich selbst zu belasten/anzuklagen.

Nach der amtlichen Begründung des Gesetzentwurfes dienen die Änderungen (bzw. die Neufassung) von § 53 Abs. 2 Nr. 1, Abs. 1 Nr. 1 SUG n. F. der Umsetzung von Art. 22 der Richtlinie 2009/18/EG. Danach legen die Mitgliedstaaten die Sanktionen für Verstöße gegen die auf Grund der Richtlinie erlassenen innerstaatlichen Vorschriften fest und treffen alle erforderlichen Maßnahmen, um sicherzustellen, dass diese Sanktionen angewendet werden. Die vorgesehenen Sanktionen müssen wirksam, verhältnismäßig und abschreckend sein.

Offen bleibt im Lichte dieser Vorgaben, ob der deutsche Gesetzgeber, indem er nach wie vor lediglich Teilbereiche der im SUG statuierten Mitwirkungs- und Informationspflichten bußgeldbewährt und vor allem die einzige neue und gleichzeitig einzig wirklich spürbare Bußgeldvorschrift des SUG in Verbindung mit §§ 7 a, 10 Abs. 1a SeeFSichV n. F. allein gegen den *Schiffsführer* richtet, tatsächlich richtlinienkonform gehandelt hat. Zweifel hieran sind auch deshalb angebracht, weil es für die (vorrangige) und alleinig sanktionsbewährte Inpflichtnahme des Schiffsführers in Sachen Beweissicherung und -beibringung gerade keine Entsprechung in der Richtlinie gibt.

*****

Die Änderungen des SUG bedeuten einen großen Schritt in die richtige Richtung. Die Seesicherheitsuntersuchungen der BSU werden dem durch die IMO wiederholt ausgesandten und durch die Europäische Union über das Instrument einer bindenden Richtlinie für ihre Mitgliedstaaten intensivierten Ruf nach Vereinheitlichung und stärkerer internationaler Kooperation folgend auf eine verbesserte, tragfähigere und nicht zuletzt übersichtlichere nationale Rechtsgrundlage gestellt. Bedauerlich und geradezu unverständlich ist allerdings, dass der Gesetzgeber sich im Sinne einer noch besseren Überschaubarkeit der gesamten Rechtsmaterie nicht dazu durchgerungen hat, auch die für die Einleitung einer Seesicherheitsuntersuchung fundamentalen Meldevorschriften (nebst etwaiger Sanktionsmöglichkeiten) konsequent in das SUG zu integrieren. Diese und darüber hinaus zukünftig sogar auch die neuen Beweissicherungspflichten des Schiffsführers finden sich statt dessen eher versteckt und wohl auch systemwidrig in der Verordnung über die Sicherung der Seefahrt, deren originäre Regelungsinhalte nichts mit Seeunfalluntersuchung zu tun haben, sondern die Hilfeleistung in Seenotfällen, Beistandspflichten nach Zusammenstößen, die Schiffswegeführung und das Befahren des Panamakanals betreffen.

Verbliebene oder neu hinzugekommene Unebenheiten im SUG, wie etwa hinsichtlich der Berechnung der Anhörungsfrist oder bezüglich des Schutzes vertraulicher Informationen, sollte die die maßgeblichen Vorschriften ausführende Bundesstelle für Seeunfalluntersuchung durch eine an rechtsstaatlichen Maßstäben und internationalen Grundsätzen orientierte und dem Geist maritimer Sicherheitspartnerschaft Rechnung tragende Rechtsanwendung mit Augenmaß zu glätten versuchen. Gleiches gilt in Bezug auf die Verfolgung etwaiger Ordnungswidrigkeiten für die insoweit zuständigen Wasser- und Schifffahrtsdirektionen Nord und Nordwest.

Gelingt dies, dürften die Neuregelungen des SUG einer weiteren Erhöhung der im Verlauf der letzten 10 Jahre gewonnenen Akzeptanz des Systems der Seesicherheitsuntersuchung in Deutschland durchaus förderlich sein.

******

eigene Notizen

Gesetz
zur Verbesserung der Sicherheit der Seefahrt durch die Untersuchung von Seeunfällen und anderen Vorkommnissen (Seesicherheits-Untersuchungs-Gesetz - SUG)

vom 16. Juni 2002 (BGBl. I S. 1815, 1817), zuletzt geändert durch Art. 1 des Gesetzes vom 22. November 2011 (BGBl. I S.2279)

Abschnitt 1
Anwendungsbereich

Abschnitt 2
Untersuchungen bei der Sicherheitsvorsorge durch verantwortliche Personen

Abschnitt 3
Amtliche Untersuchungen zur Sicherheitskultur des internationalen und nationalen Seesicherheitssystems

Abschnitt 4
Normvollzug gegenüber einzelnen an Bord verantwortlichen Personen im Verwaltungsverfahren

Abschnitt 1
Anwendungsbereich

§ 1 Zielsetzung und Geltungsbereich des Gesetzes

(1) Dieses Gesetz dient dazu, die Vorsorge für die Sicherheit der Seefahrt einschließlich des damit untrennbar im Zusammenhang stehenden Arbeitsschutzes von Beschäftigten auf Seeschiffen und des Umweltschutzes auf See durch Untersuchung von Seeunfällen oder sonstigen Vorkommnissen im Seeverkehr (Seeunfällen) unter Einhaltung der darauf bezogenen geltenden internationalen Untersuchungsregelungen zu verbessern.

(2) Dieses Gesetz gilt für die gesamte Seefahrt. Sie umfasst bei Seeschiffen auch Verkehrsvorgänge von, nach und in den an den Seeschifffahrtsstraßen des Bundes gelegenen Häfen.

(3) Unbeschadet der Verpflichtungen aus Artikel 94 Absatz 7 des Seerechtsübereinkommens der Vereinten Nationen vom 10. Dezember 1982 (BGBl. 1994 II S. 1798) gilt dieses Gesetz nicht für Seeunfälle mit ausschließlicher Beteiligung von

1. Kriegsschiffen, Truppentransportschiffen oder sonstigen, dem Bund oder den Ländern gehörenden oder von diesen betriebenen Schiffen, die im Staatsdienst stehen und ausschließlich anderen Zwecken als Handelszwecken dienen,

2. Schiffen ohne Maschinenantrieb, Holzschiffen einfacher Bauart sowie nicht für gewerbliche Zwecke eingesetzten Sportbooten oder Sportfahrzeugen, sofern sie nicht über

eine vorgeschriebene Besatzung verfügen und mehr als zwölf Fahrgäste befördern,

3. Fischereifahrzeugen mit einer Länge von weniger als 15 Metern,

4. fest installierten Offshore-Bohreinheiten.

Im Übrigen wird für die Sicherheitsuntersuchung von Seeunfällen, an denen ein militärisches Schiff beteiligt ist und durch die überwiegend militärische Belange berührt werden, zwischen dem Bundesministerium für Verkehr, Bau und Stadtentwicklung und dem Bundesministerium der Verteidigung eine geeignete Regelung getroffen.

(4) Abweichend von Absatz 3 ist Abschnitt 3 auf Seeunfälle in deutschen Hoheitsgewässern und in der deutschen ausschließlichen Wirtschaftszone mit ausschließlicher Beteiligung der in Absatz 3 Satz 1 Nummer 2 oder 3 genannten Schiffe und Fahrzeuge anzuwenden, sofern im Zusammenhang mit dem Betrieb des Schiffes oder Fahrzeuges ein Seeunfall im Sinne des § 1a Nummer 1 eingetreten ist und

1. Erkenntnisse zu erwarten sind, die voraussichtlich zu einer Erhöhung der Sicherheit im Seeverkehr, insbesondere durch Verbesserung geltender Vorschriften oder Einrichtungen für die Seefahrt, beitragen können, oder

2. ein Staat mit begründetem Interesse eine Sicherheitsuntersuchung im Sinne des Abschnitts 3 beantragt.

Eine Sicherheitsuntersuchung im Sinne des Satzes 1 unterbleibt, soweit sie nicht durchführbar ist oder Anhaltspunkte dafür gegeben sind, dass die Untersuchung nicht durchführbar sein könnte.

§ 1a Begriffsbestimmungen

Im Sinne dieses Gesetzes sind

1. Seeunfall

a) jedes Ereignis, das wenigstens eine der nachstehenden Folgen hat:

aa) den Tod oder die schwere Verletzung eines Menschen, verursacht durch oder im Zusammenhang mit dem Betrieb eines Schiffes,

bb) das Verschwinden eines Menschen von Bord eines Schiffes, verursacht durch oder im Zusammenhang mit dem Betrieb eines Schiffes,

cc) den Verlust, vermutlichen Verlust oder die Aufgabe eines Schiffes,

dd) einen Sachschaden an einem Schiff,

ee) das Aufgrundlaufen oder den Schiffbruch eines Schiffes oder die Beteiligung eines Schiffes an einer Kollision,

ff) einen durch oder im Zusammenhang mit dem Betrieb eines Schiffes verursachten Sachschaden, gg) einen Umweltschaden als Folge einer durch oder im Zusammenhang mit dem Betrieb eines oder mehrerer Schiffe verursachten Beschädigung eines oder mehrerer Schiffe;

b) jedes durch oder im Zusammenhang mit dem Betrieb eines Schiffes verursachte Ereignis, durch das ein Schiff oder ein Mensch in Gefahr gerät oder als dessen Folge ein schwerer Schaden an einem Schiff, einem meerestechnischen Bauwerk oder der Umwelt verursacht werden könnte;

2. sehr schwerer Seeunfall

ein Seeunfall, der einem Schiff zustößt und bei dem es zu einem Totalverlust des Schiffes, zum Tod eines Menschen oder zu einer erheblichen Verschmutzung kommt;

3. schwerer Seeunfall

ein Seeunfall, der nicht als „sehr schwerer Seeunfall" einzuordnen ist und bei dem es insbesondere zu einem Brand, einer Explosion, einem Zusammenstoß, einer Grundberührung, einem Kontakt mit einem festen Körper, einem durch schweres Wetter verursachten Schaden, einem Eisschaden, einem Riss oder einem vermuteten sonstigen Schaden in der Außenhaut mit einer oder mehreren der nachstehenden Schadensfolgen kommt:

a) Ausfall der Hauptmaschinen; erhebliche Beschädigung der Unterkunftsräume; schwere Beschädigung der schiffbaulichen Verbände, insbesondere ein Leck im Unterwasserbereich der Außenhaut, wodurch das Schiff fahruntüchtig wird,

b) Verschmutzung, unabhängig von der Menge freigesetzter Schadstoffe, oder

c) eine Havarie, die ein Abschleppen oder eine Hilfeleistung von Land aus erforderlich macht;

4. Staat mit begründetem Interesse

ein Staat,

a) der Flaggenstaat eines Schiffes ist, das Gegenstand einer Untersuchung ist,

b) in dessen inneren Gewässern oder Küstenmeer sich ein Seeunfall zugetragen hat,

c) der geltend machen kann, dass ein Seeunfall einen schweren Schaden an der Umwelt dieses Staates oder in den Gebieten, über die dieser Staat nach den anerkannten Grundsätzen des Völkerrechts seine Hoheitsgewalt auszuüben berechtigt ist, verursacht hat oder zu verursachen droht,

d) der geltend machen kann, dass die Folgen eines Seeunfalls einen schweren Schaden in diesem Staat selbst oder an künstlichen Inseln, Einrichtungen oder Bauwerken, über die dieser Staat nach den anerkannten Grundsätzen des Völkerrechts seine Hoheitsgewalt auszuüben berechtigt ist, verursacht hat oder zu verursachen droht,

e) der geltend machen kann, dass infolge eines Seeunfalls einer oder mehrere seiner Staatsangehörigen das Leben verloren oder schwere Verletzungen erlitten haben,

f) der über wichtige Informationen verfügt, die für die Sicherheitsuntersuchung von Nutzen sein können, oder

g) der aus einem anderen Grund ein Interesse geltend machen kann, das von dem bei der Sicherheitsuntersuchung federführenden Staat als bedeutend angesehen wird.

§ 2 Seefahrtbezogene internationale Untersuchungsregelungen

Seefahrtbezogene internationale Untersuchungsregelungen im Sinne dieses Gesetzes sind die in den Buchstaben A, C und D der Anlage aufgeführten Vorschriften des innerstaatlich geltenden Völkerrechts und die in den Buchstaben B und E der Anlage aufgeführten Vorschriften in Rechtsakten der Europäischen Gemeinschaft in der jeweils angegebenen Fassung.

§ 3 Behördliche Aufgaben auf Grund von Rechtsakten der Europäischen Gemeinschaften [8])

Im Rahmen ihrer Zuständigkeiten nach diesem Gesetz haben die darin genannten Behörden des Bundes jeweils die Überprüfungs-, Gestaltungs- und Eingriffsbefugnisse, -aufgaben und -pflichten, die die in den Buchstaben B und E der Anlage genannten Einzelregelungen den Mitgliedstaaten zur Verwaltung oder ihren Verwaltungsbehörden für einen Fall vorbehalten oder zuweisen.

---

[8] Diese Bestimmung dient der Umsetzung der in den Buchstaben B und E der Anlage genannten gemeinschaftsrechtlichen Vorschriften.

Abschnitt 2
Untersuchungen bei der Sicherheitsvorsorge
durch verantwortliche Personen

§ 4 Sachlicher Geltungsbereich des Abschnitts 2

Dieser Abschnitt gilt für Untersuchungen durch Ermittlung und Auswertung der Ursachen von im Schiffsbetrieb auftretenden Seeunfällen seitens nachstehend bestimmter verantwortlicher Personen in der Seefahrt sowie für organisatorische Maßnahmen dieser Personen.

§ 5 Organisatorische Maßnahmen für Untersuchungen

Der Eigentümer eines Schiffes unter der Bundesflagge hat dafür zu sorgen, dass

1. in seinem Unternehmen die dieses Schiff betreffenden Seeunfälle im Sinne des § 4 Personen gemeldet werden, die in dem Unternehmen für die Sicherheit des Schiffsbetriebs beauftragt sind,

2. der jeweilige Schiffsführer des Schiffes unmissverständlich angewiesen wird, für

a) die Sicherung sämtlicher Daten von Seekarten, Schiffstagebüchern, elektronischen und magnetischen Aufzeichnungen sowie Videobändern, einschließlich der Daten des Schiffsdatenschreibers und sonstiger elektronischer Geräte über den Zeitraum vor, während und nach einem Seeunfall sowie den Schutz dieser Geräte vor Störungen,

b) die Verhinderung des Überschreibens oder sonstiger Veränderungen der in Buchstabe a bezeichneten Daten und

c) die unverzügliche Einholung und Sicherung aller Beweise für Sicherheitsuntersuchungen Sorge zu tragen.

§ 9 des Schiffssicherheitsgesetzes gilt in Bezug auf den Eigentümer entsprechend.

§ 6 Anpassung betrieblicher Sicherheitskonzepte

Die Seeunfälle im Sinne des § 4 sind nach Maßgabe des Schiffssicherheitsgesetzes und der darin aufgeführten internationalen Schiffssicherheitsregelungen sowie der Schiffssicherheitsverordnung auf Veranlassung der beim Betrieb eines Schiffes nach dem Schiffssicherheitsgesetz für die Sicherheitsorganisation Verantwortlichen unverzüglich zu analysieren und zu untersuchen mit dem Ziel, das Konzept des Unternehmens für die Organisation von Sicherheitsanforderungen zur Gewährleistung eines sicheren Schiffsbetriebs und die Verhütung der Meeresverschmutzung nach Maßgabe der Ergebnisse der Untersuchung anzupassen.

§ 7 Verbesserung der Vorschriften von Klassifikationsgesellschaften

Liegen einer Zeugniserteilung durch eine deutsche Behörde eigene Vorschriften einer nach Maßgabe der Verordnung (EG) Nr. 391/2009 des Europäischen Parlaments und des Rates vom 23. April 2009 über gemeinsame Vorschriften und Normen für Schiffsüberprüfungs- und –besichtigungs-organisationen (ABl. L 131 vom 28.5.2009, S. 11) in der jeweils geltenden Fassung anerkannten Klassifikationsgesellschaft zugrunde, die hierzu eine Besichtigung des Schiffes durchgeführt hat, so hat die Klassifikationsgesellschaft nach einem ihr bekannt gewordenen Seeunfall im Sinne des § 4, der den Schiffskörper, die Maschinen, die Elektroeinrichtungen oder die Steuer-, Regel- und Überwachungseinrichtungen dieses Schiffes betrifft, intern zu untersuchen, ob durch Verbesserung ihrer eigenen Vorschriften Sicherheitsmängel beseitigt oder verhindert werden können.

§ 8 Unterrichtung von Klassifikationsgesellschaften

Die beim Betrieb eines Schiffes nach dem Schiffssicherheitsgesetz für die Sicherheitsorganisation Verantwortlichen haben dafür zu sorgen, dass die in § 7 genannte Klassifikationsgesellschaft nach einem Seeunfall im Sinne von § 4 unverzüglich hinsichtlich aller für die Mitwirkung der Klassifikationsgesellschaft in Bezug auf die Zeugniserteilung bedeutsamen technischen Gefahrumstände unterrichtet wird.

Abschnitt 3
**Amtliche Untersuchungen zur
Sicherheitskultur
des internationalen und nationalen
Seesicherheitssystems**

Unterabschnitt 1 - Grundsätze

**§ 9 Zielsetzung und sachlicher Geltungsbereich
des Abschnitts 3**

(1) Dieser Abschnitt gilt für die amtliche Untersuchung von Seeunfällen zur Sicherheitskultur des internationalen und nationalen Seesicherheitssystems sowie für die Erhebung, Verarbeitung und Nutzung personenbezogener Daten, die in diesem Zusammenhang anfallen.

(2) Die amtliche Untersuchung nach diesem Abschnitt dient ausschließlich folgenden Zwecken:

1. Ermittlung

a) der Umstände der Seeunfälle,

b) der unmittelbaren und mittelbaren Ursachen, durch die es zu dem Seeunfall gekommen ist, und

c) der Faktoren, die den Seeunfall begünstigt haben - einschließlich von Schwachstellen des Seesicherheitssystems -,

2. Herausgabe von Untersuchungsberichten und insbesondere Sicherheitsempfehlungen zur Verhütung künftiger Seeunfälle sowie

3. im Interesse erhöhter Sicherheit Stärkung der maritimen Zusammenarbeit und Sicherheitspartnerschaft der für die Sicherheit Verantwortlichen.

Sie dient weder der Ermittlung von Tatsachen zum Zwecke der Zurechnung von Fehlern, um Nachteile für Einzelne herbeizuführen, noch dient sie der Feststellung von Verschulden, Haftung oder Ansprüchen. Jedoch sollte sie nicht deshalb von der uneingeschränkten Darstellung der Ursachen absehen, weil aus den Untersuchungsergebnissen Rückschlüsse auf ein schuldhaftes Verhalten oder auf eine haftungsrechtliche Verantwortlichkeit gezogen werden könnten.

§ 10 Internationale Untersuchungsregelungen im Sinne des Abschnitts 3

Die Anwendung der seefahrtbezogenen internationalen Untersuchungsregelungen nach den Buchstaben A bis C der Anlage geschieht, soweit dieses Gesetz betroffen ist, im Rahmen dieses Abschnitts.

§ 11 Entscheidung über die Durchführung der Sicherheitsuntersuchung nach Abschnitt 3

(1) Über die Durchführung einer Sicherheitsuntersuchung entscheidet der Direktor der Bundesstelle für Seeunfallun-

tersuchung oder im Falle seiner Verhinderung sein Stellvertreter nach Maßgabe der Absätze 2 bis 4.

(2) Im Falle eines sehr schweren Seeunfalls wird eine Sicherheitsuntersuchung durchgeführt, wenn

1. ein Schiff unter deutscher Flagge beteiligt ist, unabhängig vom Ort des Seeunfalls,

2. der Seeunfall in deutschen Hoheitsgewässern oder in der deutschen ausschließlichen Wirtschaftszone stattgefunden hat, unabhängig von der Flagge, die ein am Seeunfall beteiligtes Schiff führt, oder

3. nach Maßgabe des § 17 ein begründetes Interesse der Bundesrepublik Deutschland gegeben ist, unabhängig vom Ort des Seeunfalls oder von der Flagge, die ein am Seeunfall beteiligtes Schiff führt.

(3) Im Falle eines schweren Seeunfalls im Anwendungsbereich der Richtlinie 2009/18/EG des Europäischen Parlaments und des Rates vom 23. April 2009 zur Festlegung der Grundsätze für die Untersuchung von Unfällen im Seeverkehr und zur Änderung der Richtlinie 1999/35/EG des Rates und der Richtlinie 2002/59/EG des Europäischen Parlaments und des Rates (ABl. L 131 vom 28.5.2009, S.114) ist zunächst eine vorläufige Beurteilung vorzunehmen, um zu entscheiden, ob eine Sicherheitsuntersuchung durchgeführt wird. Wird danach auf eine Sicherheitsuntersuchung verzichtet, sind die Gründe für diese Entscheidung in die von der Europäischen Kommission nach der Richtlinie 2009/18/EG eingerichtete europäische elektronische Datenbank „Europäisches Informationsforum für Unfälle auf See" zu melden und zu speichern. Hinsichtlich des For-

mats und des Inhalts der Meldung gilt Anhang II der Richtlinie 2009/18/EG. Bei der Entscheidung über die Durchführung einer Sicherheitsuntersuchung nach Satz 1 sind die Schwere des Seeunfalls, die Art des beteiligten Schiffes oder der Ladung und die Möglichkeit, dass die Ergebnisse der Sicherheitsuntersuchung zur Verhütung von künftigen Seeunfällen führen können, zu berücksichtigen.

(4) Bei allen sonstigen Seeunfällen ist das in Absatz 3 Satz 2 und 3 genannte Verfahren nicht anzuwenden. Absatz 3 Satz 4 gilt in diesen Fällen entsprechend.

(5) Eine Sicherheitsuntersuchung wird unverzüglich, jedoch nicht später als zwei Monate nach Kenntnis der Bundesstelle für Seeunfalluntersuchung vom Eintritt eines Seeunfalls eingeleitet.

Unterabschnitt 2 - Organisation

§ 12 Bundesstelle für Seeunfalluntersuchung

(1) Die Bundesstelle für Seeunfalluntersuchung (Bundesstelle) ist eine Bundesoberbehörde im Geschäftsbereich des Bundesministeriums für Verkehr, Bau und Stadtentwicklung. Ihr obliegt die amtliche Sicherheitsuntersuchung von Seeunfällen nach diesem Abschnitt. Die Bundesstelle wird von einem Direktor geleitet und im Übrigen mit Beamten und Beamtinnen sowie Tarifbeschäftigten in erforderlicher Anzahl besetzt.

(2) Die Bundesstelle nimmt ihre Aufgaben funktionell und organisatorisch unabhängig von allen natürlichen und juristischen Personen wahr, deren Interessen mit ihren Aufgaben kollidieren könnten.

(3) Weisungen hinsichtlich der Einleitung oder Nichteinleitung sowie des Inhalts und des Umfangs einer Untersuchung sowie des Untersuchungsberichts oder der Sicherheitsempfehlungen dürfen der Bundesstelle nicht erteilt werden; die Bundesstelle darf gleichwohl erteilte Weisungen nicht befolgen.

(4) Dem Direktor der Bundesstelle sind die Untersuchungsführer, Untersuchungsfachkräfte und weitere Fachkräfte unterstellt. Die Bundesstelle kann sich geeigneter privater Personen als Untersuchungsbeauftragte bedienen, die im Einzelfall nach Weisung der Bundesstelle und unter ihrer Fachaufsicht als deren Hilfsorgane arbeiten. Die Bundesstelle bestimmt den Umfang der von den Beauftragten durchzuführenden Untersuchungstätigkeit sowie ihre Rechte und Pflichten nach Maßgabe dieses Gesetzes. Die Beauftragten erhalten aus Mitteln der Bundesstelle Reisekostenvergütung nach den für Bundesbeamte geltenden Vorschriften und eine Entschädigung, die vom Bundesministerium für Verkehr, Bau und Stadtentwicklung festgesetzt wird. Dieser Satz gilt entsprechend für Mitglieder der Kammer im Sinne des § 32, die nicht der Bundesstelle angehören.

(5) Der Direktor der Bundesstelle und die Untersuchungsführer dürfen neben ihrem Amt kein anderes besoldetes Amt, kein Gewerbe und keinen Beruf ausüben und weder der Leitung oder dem Aufsichtsrat oder Verwaltungsrat eines auf Erwerb gerichteten Unternehmens noch einer ge-

setzgebenden Körperschaft des Bundes oder eines Landes angehören. Sie dürfen nicht gegen Entgelt außergerichtliche Gutachten abgeben. Sie dürfen keiner der in Absatz 2 genannten juristischen Personen angehören, sie vertreten, sie beraten oder für sie als Gutachter oder Sachverständige tätig werden.

(6) Der Direktor der Bundesstelle und die Untersuchungsführer müssen über umfassende technische und betriebliche Kenntnisse und Erfahrungen auf dem Gebiet des Seefahrtwesens verfügen sowie für die Befähigung zur Leitung einer umfangreichen Unfalluntersuchung ausreichend geschult sein. Die Bundesstelle hat dafür Sorge zu tragen, die fachlichen Fähigkeiten und Kenntnisse der Untersuchungsführer, der Untersuchungsfachkräfte und der weiteren Fachkräfte zu erhalten und der Entwicklung anzupassen.

§ 13 Verwaltungs- und Amtshilfe

(1) Die Bundesstelle arbeitet mit der Bundesstelle für Flugunfalluntersuchung zusammen, soweit dies - insbesondere aus wirtschaftlichen oder technischen Gründen - zweckmäßig erscheint.

(2) Die Bundesstelle kann insbesondere die Berufsgenossenschaft für Transport und Verkehrswirtschaft als Schiffssicherheitsbehörde, das Bundesamt für Seeschifffahrt und Hydrographie sowie die Wasser- und Schifffahrtsdirektionen Nord und Nordwest zur Hilfe heranziehen, es sei denn, nach den konkreten Umständen ist nicht auszuschließen, dass der untersuchte Seeunfall durch deren Verhalten oder

ein Verhalten von deren Bediensteten oder von Bediensteten der Wasser- und Schifffahrtsverwaltung ihres Amtsbezirks mitverursacht wurde.

(3) Die Bundesstelle kann zur Erfüllung ihrer Aufgaben mit Dienststellen der Bundesländer Vereinbarungen über Organleihe in bestimmten Einzelfällen abschließen, Absprachen über die Heranziehung von Nachweismitteln und Untersuchungsergebnissen treffen oder sonst in der ihr geeignet erscheinenden Weise zusammenarbeiten. Die Vereinbarungen sind im Verkehrsblatt bekannt zu machen.

(4) Die sonstigen Vorschriften und Grundsätze für die Verwaltungs- und Amtshilfe bleiben unberührt.

Unterabschnitt 3 - Zusammenarbeit mit anderen Staaten

§ 14 Unterrichtung ausländischer Staaten und der Internationalen Seeschifffahrts-Organisation (IMO)

Ereignet sich ein Seeunfall im Sinne des Artikels 94 Abs. 7 oder des Artikels 221 Abs. 2 des Seerechtsübereinkommens (BGBl. 1994 II S. 1798) im deutschen Hoheitsgebiet oder ist außerhalb desselben ein Schiff unter der Bundesflagge an einem solchen Seeunfall beteiligt, so unterrichtet die Bundesstelle unverzüglich

1. die in Betracht kommenden Flaggenstaaten,

2. den oder die anderen Staaten mit einem begründeten Interesse an einer Seeunfalluntersuchung sowie

3. nach Maßgabe des IMO-Codes für die Untersuchung von Unfällen und Vorkommnissen auf See (Verkehrsblatt 2000 S. 128, Anlagenband B 8124 S. 21) die Internationale Seeschifffahrts-Organisation.

§ 15 (weggefallen)

§ 16 Benennung des für die Sicherheitsuntersuchung federführenden Staates

(1) Hat die Bundesstelle wegen eines Seeunfalls ein Untersuchungsverfahren eingeleitet, an dem auch ein anderer Staat ein begründetes Interesse hat, so werden auf Ersuchen dieses Staates im gegenseitigen Einvernehmen benannt

1. der für die Untersuchung federführende Staat und

2. bei Benennung Deutschlands als federführender Staat die Teilnehmer im Sinne des § 24 Absatz 1. Eine von der Bundesstelle eingeleitete Sicherheitsuntersuchung kann fortgeführt werden, auch wenn das Verfahren nach Satz 1 noch nicht abgeschlossen ist.

(2) Ist Deutschland federführender Staat, so sorgt die Bundesstelle dafür, dass eine gemeinsame Untersuchungsstrategie ausgearbeitet und die mit der Leitung der Untersuchung sowie der dazugehörigen Koordinierung beauftragte Person oder Stelle benannt wird.

(3) In den Fällen des Absatzes 2 stellt die Bundesstelle sicher, dass Untersuchungsstellen anderer Staaten mit begründetem Interesse die gleichen Rechte und den gleichen

Zugang zu den von der Bundesstelle befragten Zeugen und von ihr erhobenen Beweisen haben wie die Bundesstelle selbst. Sie stellt ferner sicher, dass diese Untersuchungsstellen das Recht auf eine Berücksichtigung ihres Standpunktes haben.

(4) Die Bundesstelle kann mit Zustimmung eines anderen Staates mit begründetem Interesse Untersuchungen nach diesem Abschnitt zugleich für diesen führen. Sie kann ferner im gegenseitigen Einvernehmen die Leitung einer Sicherheitsuntersuchung oder die Durchführung besonderer, damit verbundener Aufgaben einem anderen Staat übertragen, soweit damit keine Ausübung hoheitlicher Befugnisse verbunden ist.

(5) Ist ein Ro-Ro-Fahrgastschiff oder Fahrgasthochgeschwindigkeitsfahrzeug an einem Seeunfall im deutschen Küstenmeer oder in den deutschen inneren Gewässern im Sinne des Seerechtsübereinkommens beteiligt, leitet die Bundesstelle die Sicherheitsuntersuchung ein. Dies gilt auch für einen Seeunfall in anderen Gewässern, sofern das Fahrzeug zuletzt in deutschen Hoheitsgewässern verkehrt ist. Die Bundesstelle ist für die Sicherheitsuntersuchung und die Koordinierung mit den Untersuchungsstellen anderer Staaten mit begründetem Interesse zuständig, bis eine Einigung darüber zustande gekommen ist, welcher Staat federführend für die Sicherheitsuntersuchung sein soll.

§ 17 Teilnahme an Sicherheitsuntersuchungen anderer Staaten

(1) Wird wegen eines Seeunfalls bereits eine Sicherheitsuntersuchung durch einen Mitgliedstaat der Europäischen Union oder unter Federführung eines Mitgliedstaates der Europäischen Union unter Mitwirkung eines anderen Mitgliedstaates der Europäischen Union mit begründetem Interesse durchgeführt, führt die Bundesstelle wegen desselben Seeunfalls keine gleichzeitige Sicherheitsuntersuchung durch, sondern beteiligt sich an dem anderen Untersuchungsverfahren, soweit ein begründetes deutsches Interesse vorliegt. In begründeten Einzelfällen kann die Bundesstelle abweichend von Satz 1 eigene gleichzeitige Sicherheitsuntersuchungen durchführen. Sie unterrichtet hierüber das Bundesministerium für Verkehr, Bau und Stadtentwicklung unter Angabe der Gründe. Bei eigenen gleichzeitigen Sicherheitsuntersuchungen arbeitet sie eng mit den Untersuchungsstellen der anderen Mitgliedstaaten der Europäischen Union zusammen. Um so weit wie möglich gemeinsame Schlussfolgerungen zu erzielen, tauscht sie die bei ihren Sicherheitsuntersuchungen gesammelten Informationen in dem für die Erfüllung des Untersuchungsauftrags nach § 9 Absatz 2 erforderlichen Umfang nach Maßgabe des Bundesdatenschutzgesetzes aus, soweit in diesem Gesetz nicht etwas anderes bestimmt ist.

(2) Erfolgt die Sicherheitsuntersuchung unter Leitung oder Federführung eines Staates mit begründetem Interesse, der nicht Mitgliedstaat der Europäischen Union ist (Drittland), arbeitet die Bundesstelle so weit wie möglich mit diesem zusammen. Absatz 1 Satz 5 gilt entsprechend. Die Bundesstelle kann von der Einleitung einer eigenen, gleichzeitig stattfindenden Sicherheitsuntersuchung absehen, sofern die

Beteiligung der Bundesstelle sichergestellt ist und die Sicherheitsuntersuchung gemäß dem IMO-Code für die Sicherheitsuntersuchung von Seeunfällen und Vorkommnissen auf See (Seeunfall-Untersuchungs-Code) (VkBl. 2000 S. 128, Anlagenband B 8124 S. 21) durchgeführt wird.

§ 18 Hilfeleistungen im Rahmen der Zusammenarbeit

(1) Die Bundesstelle kann bei Bedarf die zuständigen Stellen anderer Staaten darum ersuchen, ihr

1. Anlagen, Einrichtungen und Geräte für

a) die technische Untersuchung von Wracks oder Wrackteilen, Bordausrüstungen und anderen für die Sicherheitsuntersuchung wichtigen Gegenständen,

b) die Auswertung der Aufzeichnungen der Datenschreiber,

c) die elektronische Speicherung und Auswertung von Unfalldaten,

2. Fachkräfte für bestimmte Aufgaben anlässlich der Sicherheitsuntersuchung eines Seeunfalls von besonderer Bedeutung und Schwere zur Verfügung zu stellen.

(2) Die Bundesstelle kann anderen Staaten auf deren Ersuchen die in Absatz 1 bezeichnete Hilfe gewähren. Sie wird auf der Grundlage der Gegenseitigkeit kostenlos gewährt. Bittet die Bundesstelle einen Staat, der nicht an der Sicherheitsuntersuchung beteiligt ist, um Unterstützung, übernimmt sie die Erstattung der diesem anfallenden Kosten.

Unterabschnitt 4 - Durchführung
der Sicherheitsuntersuchung

§ 19 Untersuchungsstatus

(1) Die Sicherheitsuntersuchung durch die Bundesstelle hat grundsätzlich Vorrang vor allen anderen fachlich-technischen Untersuchungen für andere als die in § 9 Absatz 2 genannten Ziele und Zwecke. Die Befugnisse der Strafverfolgungsbehörden und der zur Strafverfolgung berufenen Gerichte bleiben unberührt.

(2) Überschneidungen mit anders gerichteten Interessen im Einzelfall sind durch zielgerichtete und zweckmäßige Zusammenarbeit der Bundesstelle mit anderen beteiligten Behörden zu vermeiden.

§ 20 Untersuchungsverfahren

(1) Das Untersuchungsverfahren umfasst die gesamte Tätigkeit der Bundesstelle, die auf die Ermittlung der ursächlichen Zusammenhänge eines Seeunfalls sowie auf die Feststellung der dafür maßgebenden Ursachen gerichtet ist. Es endet mit der Zusammenfassung der Ergebnisse der Sicherheitsuntersuchung in einem Untersuchungsbericht und dessen Veröffentlichung. Der Untersuchungsbericht nach Satz 2 enthält keine personenbezogenen Daten.

(2) Die Bundesstelle bestimmt den Umfang der Sicherheitsuntersuchung anhand des Ausmaßes und der Art des Seeunfalls unter Berücksichtigung der Erkenntnisse, die sich voraussichtlich für die Verbesserung der Sicherheit und die Verhütung künftiger Seeunfälle gewinnen lassen.

Sie ist dabei vorbehaltlich anderer Vorschriften an keine Form gebunden. Das Verfahren ist einfach und zweckmäßig durchzuführen.

(3) Die Sicherheitsuntersuchung erfolgt auf der Grundlage der in Artikel 2 Buchstabe e der Verordnung (EG) Nr. 1406/2002 des Europäischen Parlaments und des Rates vom 27. Juni 2002 zur Errichtung einer Europäischen Agentur für die Sicherheit des Seeverkehrs (ABl. L 208 vom 5.8.2002, S. 1) bezeichneten, von den Mitgliedstaaten der Europäischen Union und der Europäischen Kommission entwickelten gemeinsamen Methodik zur Sicherheitsuntersuchung von Seeunfällen. Im Rahmen der Untersuchung kann von dieser Methodik in besonderen Fällen abgewichen werden, soweit dies nach Lage des Falles und zum Erreichen der Untersuchungsziele erforderlich ist.

(4) Die Bundesstelle berücksichtigt bei ihren Untersuchungen die internationalen seefahrtbezogenen Untersuchungsregelungen nach Buchstabe C der Anlage, insbesondere die Leitlinien der Internationalen Seeschifffahrtsorganisation (IMO) über die faire Behandlung von Seeleuten bei einem Unfall auf See (VkBl. 2010 S. 506).

§ 21 Einleitung der Sicherheitsuntersuchung

(1) Der Direktor der Bundesstelle oder im Falle seiner Verhinderung sein Stellvertreter bestimmt für jeden zu untersuchenden Seeunfall einen Untersuchungsführer, der die Sicherheitsuntersuchung leitet.

(2) Der Untersuchungsführer trifft unverzüglich die zur Erfüllung des Untersuchungszwecks notwendigen Maßnahmen.

§ 22 Untersuchungsbefugnisse

(1) Der Untersuchungsführer sowie die Untersuchungsfachkräfte und die Beauftragten für Seeunfalluntersuchung, jeweils nach Weisung des Untersuchungsführers, sind zur Erfüllung des Untersuchungsauftrags nach § 9 Absatz 2 im Benehmen mit der örtlich zuständigen Strafverfolgungsbehörde befugt, alle erforderlichen Anordnungen und Maßnahmen zu ergreifen. Hierzu gehören insbesondere

1. der ungehinderte Zugang zum Ort des Seeunfalls sowie zu dem Schiff, Wrack einschließlich Ladung, Ausrüstung und Trümmern sowie das Betreten von Grundstücken; Grundstücke in diesem Sinne sind auch die zum Betrieb von Schiffen oder zur Herstellung von Anlagen, Instrumenten und Geräten für den Schiffsbetrieb dienenden Betriebs- und Geschäftsräume im deutschen Hoheitsgebiet,

2. zur Verhütung dringender Gefahren für die öffentliche Sicherheit und Ordnung der Zugang zu den Unterkünften und das Betreten der Unterkünfte an Bord eines Schiffes; das Grundrecht der Unverletzlichkeit der Wohnung (Artikel 13 des Grundgesetzes) wird insoweit eingeschränkt,

3. die sofortige Spurenaufnahme sowie die Entnahme von Wrackteilen, Trümmern, Bauteilen oder Stoffen sowie Bestandteilen der Ladung zu Untersuchungs- oder Auswertungszwecken,

4. das Anfordern der Untersuchung oder die Untersuchung der unter Nummer 3 genannten Gegenstände und der freie Zugang zu den Ergebnissen solcher Untersuchungen,

5. der freie Zugang zu allen Informationen und Aufzeichnungen einschließlich der Daten des Schiffsdatenschreibers (VDR-Daten), die sich auf ein Schiff, eine Fahrt, eine Ladung, eine Mannschaft oder eine sonstige Person, einen Gegenstand, einen Zustand oder einen Umstand beziehen, sowie deren Erhebung durch Ansichnahme, Verarbeitung und Nutzung,

6. die Vervielfältigung, insbesondere durch Ablichtung von Unterlagen, Aufzeichnungen, Zeugnissen oder sonstigen Bescheinigungen (Unterlagen) eines Schiffes sowie Unterlagen, die sich an Bord eines Schiffes befinden und einen Bezug zum Seeunfall haben,

7. der freie Zugang zu den Ergebnissen von Untersuchungen der Körper von Opfern und zu Tests, die mit Proben aus Körpern von Opfern durchgeführt werden,

8. das Anfordern von und der freie Zugang zu den Ergebnissen von Untersuchungen der am Betrieb des Schiffes beteiligten Personen oder anderer Personen, bei denen der Verdacht der Einflussnahme auf den Betrieb des Schiffes besteht, oder zu Tests an den ihnen entnommenen Proben,

9. das Erheben, Verarbeiten und Nutzen von Informationen durch ungehinderte Einsichtnahme in die sachbezogenen schriftlichen und elektronischen Unterlagen des Eigentümers, des Betreibers oder des Herstellers des Schiffes und seiner Teile sowie der für die zivile Seefahrt und den Hafenbetrieb zuständigen Behörden des Bundes und der Klas-

sifikationsgesellschaften sowie die Anfertigung entsprechender Vervielfältigungen,

10. das Ersuchen um den Beistand der zuständigen Behörden der jeweiligen beteiligten Staaten, einschließlich der Besichtiger des Flaggenstaates und des Hafenstaates, der Bediensteten der Küstenwache, des für die Überwachung des Schiffsverkehrs zuständigen Personals der Verkehrszentralen, der Such- und Rettungsdiensteinheiten, der Lotsen und des sonstigen Hafen- oder Seeschifffahrtspersonals, soweit dies zur Erfüllung des Untersuchungszwecks nach § 9 Absatz 2 erforderlich ist.

(2) Der Direktor der Bundesstelle und die Untersuchungsführer sind im Benehmen mit der zuständigen Strafverfolgungsbehörde befugt, eine Autopsie der sterblichen Überreste von Besatzungsmitgliedern und anderen Personen an Bord des Schiffes zu verlangen, wenn

1. der begründete Verdacht besteht, dass eine gesundheitliche Störung Ursache des Seeunfalls ist, oder

2. dies im Hinblick auf den Schutz der Personen an Bord oder am Betrieb des Schiffes beteiligter Personen vor tödlichen Verletzungen erforderlich ist. Die Leichenöffnung und die Ausgrabung einer beerdigten Leiche werden vom Richter beim Amtsgericht angeordnet. Der Untersuchungsführer ist zu der Anordnung befugt, wenn der Untersuchungserfolg durch Verzögerung gefährdet würde. § 87 Absatz 1 bis 3 und 4 Satz 2 der Strafprozessordnung gilt entsprechend.

(3) Die Sicherstellung von als Nachweismittel geeigneten Spuren und Gegenständen hat in enger Zusammenarbeit mit der zuständigen Strafverfolgungsbehörde zu erfolgen. Dies gilt insbesondere für solche Nachweismittel, die für einen erfolgreichen Ausgang der Sicherheitsuntersuchung sofort gesichert und ausgewertet werden müssen, wie die Identifizierung und Untersuchung der Opfer und die Aufzeichnungsanlagen.

(4) Das Bundesministerium für Verkehr, Bau und Stadtentwicklung wird ermächtigt, zur Verbesserung der Sicherheit im Seeverkehr durch Rechtsverordnung ohne Zustimmung des Bundesrates Pflichten am Betrieb der Schiffe beteiligter Personen, insbesondere des Schiffsführers, zur Unterstützung der und Mitwirkung an den Sicherheitsuntersuchungen, insbesondere zur Beweissicherung von Daten, Aufzeichnungen und Geräten im Zusammenhang mit einem Seeunfall zu regeln.

(5) Widerspruch und Anfechtungsklage gegen Anordnungen der Bundesstelle im Rahmen der Sicherheitsuntersuchungen haben keine aufschiebende Wirkung.

§ 23 Unfallort

(1) Die Bundesstelle entscheidet nach einem Seeunfall in deutschen Hoheitsgewässern oder in der deutschen ausschließlichen Wirtschaftszone im Benehmen mit der zuständigen Strafverfolgungsbehörde über Zutrittsrechte Dritter zu einem Schiff oder Wrack (Unfallort).

(2) Die Untersuchungsführer und Untersuchungsfachkräfte sind befugt, Personen, die sich bereits am Unfallort aufhal-

ten oder denen zunächst der Zutritt gestattet worden ist, den weiteren Aufenthalt zu untersagen, soweit die Gefahr besteht, dass der Untersuchungserfolg durch deren Anwesenheit beeinträchtigt wird. Bei der Entscheidung über die Zulässigkeit des Aufenthalts dieser Personen am Unfallort sind deren berechtigte Interessen und gesetzliche Verpflichtungen zu berücksichtigen.

(3) Der Unfallort, die Unfallspuren, sämtliche Wrackteile und Trümmerstücke des Schiffes sowie sonstiger Inhalt des Schiffes und der Ladung dürfen ohne Zustimmung der Bundesstelle nicht berührt oder verändert werden. Gestattet sind lediglich

1. Löschmaßnahmen, möglichst ohne die Lage der in Satz 1 genannten Gegenstände zu verändern,

2. Maßnahmen zur Abwehr einer unmittelbar drohenden Gefahr,

3. die Bergung von und Erste-Hilfe-Maßnahmen an Verletzten möglichst unter gleichzeitiger schriftlicher und bildlicher Dokumentierung ihrer Lage am Unfallort oder im Verhältnis zum Unfallort.

§ 24 Teilnehmer am Untersuchungsverfahren

(1) Am Untersuchungsverfahren nimmt bei begründetem Interesse und auf ihr Verlangen je ein bevollmächtigter Vertreter anderer Staaten teil (Teilnehmer), und zwar insbesondere

1. des Flaggenstaates,

2. des Küstenstaates und

3. des Staates des Sitzes des Betreibers des Schiffes.

(2) Die Teilnehmer sind berechtigt, Berater hinzuzuziehen, die unter der Aufsicht des Untersuchungsführers an der Sicherheitsuntersuchung in einem Umfang teilnehmen dürfen, der es den Teilnehmern ermöglicht, ihre für die Erfüllung des Untersuchungszwecks nach § 9 Absatz 2 erforderliche Mitwirkung so wirkungsvoll wie möglich zu gestalten.

(3) Die Teilnahme an der Sicherheitsuntersuchung erstreckt sich unter der Aufsicht des Untersuchungsführers auf alle Bereiche der Sicherheitsuntersuchung, insbesondere auf

1. die Besichtigung des Unfallortes,

2. die Untersuchung des Schiffes oder seines Wracks,

3. die Einsicht in die Ergebnisse der Zeugenbefragungen mit der Möglichkeit, Befragungen zu weiteren Sachbereichen vorzuschlagen,

4. den schnellstmöglichen Zugang zu allen wesentlichen Nachweismitteln,

5. den Erhalt von Ablichtungen aller sachdienlichen Dokumente,

6. die Teilnahme an den Auswertungen vorgeschriebener Aufzeichnungen,

7. die Teilnahme an weiterführenden Untersuchungen einschließlich der Beratungen über die Ergebnisse, Ursachen und Sicherheitsempfehlungen,

8. Anregungen zum Untersuchungsumfang.

(4) Der Untersuchungsführer kann Sachverständige und Helfer als Verwaltungshelfer hinzuziehen. Der Umfang ihrer Mitwirkung wird nach Maßgabe des Absatzes 2 vom Untersuchungsführer bestimmt. Bei Seeunfällen in deutschen Hoheitsgewässern prüft die Bundesstelle, ob genauere Erkenntnisse dadurch gewonnen werden können, dass sie Sachverständige mit besonderen Kenntnissen des jeweiligen Schifffahrtsreviers beauftragt oder im Sinne des Satzes 1 hinzuzieht.

(5) Die Einleitung und Durchführung der Sicherheitsuntersuchung am Unfallort sind nicht von der Anwesenheit der Teilnehmer und deren Berater abhängig.

(6) Teilnehmer und deren Berater, Sachverständige und Helfer dürfen sich ohne die ausdrückliche Zustimmung der Bundesstelle nicht zum Stand der Sicherheitsuntersuchung oder zu einzelnen Ergebnissen öffentlich äußern. Sie sind ausdrücklich darauf hinzuweisen. Die Untersuchungsführer und die Untersuchungsfachkräfte sind zur besonderen Verschwiegenheit verpflichtet.

(7) Teilnehmer und deren Berater, Sachverständige und Helfer sind von der Sicherheitsuntersuchung auszuschließen, wenn sie gegen dieses Gesetz oder die auf Grund dieses Gesetzes erlassenen Rechtsvorschriften verstoßen haben.

(8) Soweit die in den Absätzen 1 bis 7 genannten Personen nach Maßgabe des Absatzes 2 Zugang zu personenbezogenen Daten erhalten, gilt § 35 Absatz 5 entsprechend.

§ 25 Besorgnis der Befangenheit

Liegt ein Grund vor, der geeignet ist, Misstrauen gegen die unparteiische Ausübung der Tätigkeit einer an der Sicherheitsuntersuchung beteiligten Person zu rechtfertigen, oder wird von einem Betroffenen das Vorliegen eines solchen Grundes behauptet (Besorgnis der Befangenheit), so hat die betreffende Person

1. den Direktor der Bundesstelle oder im Falle seiner Verhinderung seinen Vertreter davon in Kenntnis zu setzen,

2. sich der weiteren Beteiligung am Verfahren zunächst zu enthalten und

3. die Anordnungen des Direktors der Bundesstelle oder im Falle seiner Verhinderung seines Vertreters zu befolgen.

Bereits vorgenommene Untersuchungshandlungen bleiben wirksam. Betrifft die Besorgnis der Befangenheit den Direktor der Bundesstelle oder seinen Vertreter, so trifft das Bundesministerium für Verkehr, Bau und Stadtentwicklung die erforderlichen Anordnungen.

§ 26 Nachweismittel

(1) Der Untersuchungsführer und die Untersuchungsfach-kräfte bedienen sich aller für die Erfüllung des Untersu-chungsauftrags nach § 9 Absatz 2 erforderlichen, zur Ver-fügung stehenden Mittel zum Nachweis der Unfallursachen (Nachweismittel). Sie dürfen nach Maßgabe des Satzes 1 insbesondere

1. Auskünfte einholen,

2. Zeugen, Sachverständige und andere für die Ermittlun-gen wichtige Personen befragen und schriftliche Äußerun-gen von ihnen einholen; Zeugen dürfen dabei auch unter Ausschluss von Personen, deren Interessen als für die Si-cherheitsuntersuchung hinderlich gelten könnten, befragt werden,

3. Urkunden, Akten und sonstige Unterlagen beiziehen und einsehen, soweit nicht besondere Verwendungsbeschrän-kungen entgegenstehen.

(2) Bevollmächtigte Vertreter nach § 24 Absatz 1 und ihre Berater sowie Sachverständige und Helfer sind verpflichtet, der Bundesstelle ihnen bekannte, für die Erfüllung des Un-tersuchungsauftrags nach § 9 Absatz 2 erforderliche Tatsa-chen und Nachweismittel unaufgefordert mitzuteilen.

(3) Zeugen des Seeunfalls und der Vorgänge, die zu ihm geführt haben oder geführt haben können, sind zur wahr-heitsgemäßen Aussage verpflichtet. Ein Zeuge kann die Auskunft auf solche Fragen verweigern, deren Beantwor-tung ihn selbst oder einen der in § 383 Absatz 1 Nummer 1 bis 3 der Zivilprozessordnung bezeichneten Angehörigen

der Gefahr strafgerichtlicher Verfolgung oder eines Verfahrens nach dem Gesetz über Ordnungswidrigkeiten aussetzen würde. Der Zeuge kann die Auskunft auch auf solche Fragen verweigern, deren Beantwortung ihn der Gefahr eines gegen ihn gerichteten Seeamtsverfahrens nach Abschnitt 4 oder eines sonstigen erheblichen rechtlichen Nachteils aussetzen würde, der ihn oder einen in Satz 2 bezeichneten Angehörigen betrifft. Er ist über sein Recht zur Verweigerung der Auskunft zu belehren.

(4) Zeugen und Sachverständige sind auf Antrag nach Maßgabe des Justizvergütungs- und -entschädigungsgesetzes zu entschädigen.

Unterabschnitt 5 - Untersuchungsberichte und ihre Bekanntgabe

§ 27 Untersuchungsbericht

(1) Zu jeder Sicherheitsuntersuchung wird ein Untersuchungsbericht der Bundesstelle in einer der Art und Schwere des Seeunfalls angemessenen Form verfasst. Dieser Untersuchungsbericht verweist auf den ausschließlichen Untersuchungszweck nach § 9 Absatz 2.

(2) Der Untersuchungsbericht gibt Auskunft über

1. die Einzelheiten des Hergangs des Seeunfalls,

2. die beteiligten Schiffe,

3. die äußeren Umstände,

4. die Ergebnisse der Untersuchungshandlungen und Gutachten,

5. Beeinträchtigungen der Sicherheitsuntersuchungen und ihre Gründe,

6. die Auswertung aller Ergebnisse und

7. die Feststellung der Ursachen oder der wahrscheinlichen Ursachen des Seeunfalls.

Der Untersuchungsbericht ist unter Wahrung der Anonymität der an dem Seeunfall beteiligten natürlichen Personen zu erstellen. Der Untersuchungsbericht enthält nach Möglichkeit Sicherheitsempfehlungen nach § 29; sie sind im Untersuchungsbericht zu wiederholen, wenn sie wegen Gefahr im Verzug oder im öffentlichen Interesse bereits zu einem früheren Zeitpunkt herausgegeben worden sind. Für Untersuchungsberichte über Seeunfälle, die in den Anwendungsbereich der Richtlinie 2009/18/EG fallen, gilt hinsichtlich des Formats und des Inhalts Anhang I der Richtlinie 2009/18/EG.

(3) Die Bundesstelle erstellt zunächst einen Entwurf des Untersuchungsberichts. Gelegenheit, sich zu den für die Ursachenfeststellung maßgeblichen Tatsachen und Schlussfolgerungen zu äußern (Anhörung), gibt sie je nach Lage des Falles

1. dem Betreiber des Schiffes,

2. dem Hersteller des Schiffes und seiner Teile,

3. dem Kapitän und den Besatzungsmitgliedern, deren unmittelbare Verantwortungsbereiche betroffen sind,

4. den Aufsichtsbehörden der für die maritimen Verkehrssicherungsdienste zuständigen Stellen,

5. den in § 7 genannten Klassifikationsgesellschaften,

6. den Adressaten von Sicherheitsempfehlungen nach § 29,

7. dem Deutschen Wetterdienst sowie

8. den bevollmächtigten Vertretern nach § 24 Absatz 1.

Bei Seeunfällen mit tödlichem Ausgang sind auch der Ehegatte oder Lebenspartner, ein volljähriger Abkömmling sowie die Eltern des Toten anhörungsberechtigt. Die Sätze 2 und 3 sind auch anzuwenden, wenn das Unfallopfer nach einem Seeunfall im Sinne des § 1 des Verschollenheitsgesetzes als verschollen gilt oder nach § 5 des Verschollenheitsgesetzes für tot erklärt worden ist. Der Entwurf des Untersuchungsberichts ist den in den Sätzen 2 und 3, auch in Verbindung mit Satz 4, genannten Personen oder Stellen zum Zweck der Anhörung zu übersenden.

(4) Begründete wesentliche Stellungnahmen, die innerhalb von 30 Tagen nach Versendung des Entwurfs des Untersuchungsberichts eingehen, sind in dem endgültigen Untersuchungsbericht zu berücksichtigen. Abweichende Stellungnahmen von bevollmächtigten Vertretern nach § 24 Absatz 1, die innerhalb der in Satz 1 genannten Frist eingehen, werden ihm als Anhang beigefügt, wenn sie im Untersuchungsbericht nicht berücksichtigt worden sind.

(5) Seeunfälle, deren Untersuchungsergebnisse nicht von besonderer Bedeutung für die Sicherheit des Seeverkehrs sind, werden mit einem summarischen Untersuchungsbericht abgeschlossen. Der summarische Untersuchungsbericht gibt lediglich Auskunft über die an dem Seeunfall beteiligten Schiffe und den Unfallhergang. Er kann eine überschlägige Bewertung des Seeunfalls enthalten. Eine Gelegenheit zur Stellungnahme wird in diesem Fall nicht gegeben.

§ 28 Veröffentlichung des Untersuchungsberichts

(1) Die Bundesstelle veröffentlicht den endgültigen Untersuchungsbericht spätestens zwölf Monate nach dem Seeunfall. Ist es im Falle eines sehr schweren Seeunfalls oder eines schweren Seeunfalls, der unter den Anwendungsbereich der Richtlinie 2009/18/EG fällt, der Bundesstelle nicht möglich, den endgültigen Untersuchungsbericht innerhalb der in Satz 1 genannten Frist zu verfassen, veröffentlicht die Bundesstelle innerhalb dieser Frist einen Untersuchungszwischenbericht.

(2) Die Bundesstelle übersendet je eine Ausfertigung des endgültigen Untersuchungsberichts an

1. die in § 27 Absatz 3 Satz 2 und 3, auch in Verbindung mit Satz 4, genannten Personen oder Stellen,

2. die Internationale Seeschifffahrts-Organisation, es sei denn, der IMO-Code für die Sicherheitsuntersuchung von Seeunfällen und Vorkommnissen auf See sieht eine solche Versendung nicht vor, und

3. die Europäische Kommission, soweit dies nach der Richtlinie 2009/18/EG vorgesehen ist.

Zeitgleich erfolgt die Veröffentlichung des Untersuchungsberichts durch Bekanntgabe der Bezugsquelle im Verkehrsblatt des Bundesministeriums für Verkehr, Bau und Stadtentwicklung und die Bereitstellung auf der Internetseite der Bundesstelle.

(3) Die Bundesstelle übersendet je eine Ausfertigung des Untersuchungszwischenberichts nach Absatz 1 Satz 2 an die in Absatz 2 Satz 1 Nummer 1 und 3 genannten Personen und Stellen; eine Veröffentlichung nach Absatz 2 Satz 2 erfolgt, wenn mit der Veröffentlichung eine Verbesserung der Sicherheit auf See verbunden sein kann, insbesondere soweit Sicherheitsempfehlungen nach § 29 Absatz 2 Satz 1 herausgegeben worden sind.

(4) Bei Seeunfällen, die sich im Anwendungsbereich der Richtlinie 2009/18/EG ereignet haben, berücksichtigt die Bundesstelle mögliche technische Anmerkungen der Europäischen Kommission zu den nach Absatz 2 übersandten Untersuchungsberichten, die den Inhalt der Ergebnisse nicht beeinflussen, im Hinblick auf die Verbesserung der Qualität des Untersuchungsberichts.

§ 29 Sicherheitsempfehlungen

(1) Sicherheitsempfehlungen werden vom Direktor der Bundesstelle herausgegeben. Die Sicherheitsempfehlungen sind an die Stellen zu richten, die sie in geeignete Maßnahmen umsetzen können. Stellen in diesem Sinne können im Rahmen der Sicherheitsvorsorge nach § 3 des Schiffssicherheitsgesetzes auch einzelne Personen, Unternehmen oder Verbände sein.

(2) Eine Sicherheitsempfehlung ist unabhängig vom Stand des Untersuchungsverfahrens als Frühwarnung herauszugeben, wenn die Bundesstelle zu der Erkenntnis gelangt, dass dringend gehandelt werden muss, um der Gefahr neuer Seeunfälle aus gleichem oder ähnlichem Anlass vorzubeugen. Bei Seeunfällen im Anwendungsbereich der Richtlinie

2009/18/EG unterrichtet sie darüber hinaus die Europäische Kommission, sofern sie aus den in Satz 1 genannten Gründen ein dringendes Handeln auf Gemeinschaftsebene für erforderlich hält.

(3) Der Inhalt einer Sicherheitsempfehlung muss in angemessenem Verhältnis zu der sie auslösenden Ursache stehen.

(4) Eine Sicherheitsempfehlung darf in keinem Fall zu einer Vermutung der Schuld oder Haftung für einen Seeunfall führen.

(5) Die in Absatz 1 bezeichneten Stellen berichten der Bundesstelle innerhalb einer von dieser gesetzten angemessenen Frist über die zur Umsetzung der Sicherheitsempfehlung getroffenen oder geplanten geeigneten Maßnahmen.

§ 30 Ausländische Untersuchungsberichte

(1) Ausländische Untersuchungsberichte und deren Entwürfe, Teile davon und Dokumente, die die Bundesstelle auf Grund ihrer Beteiligung an einer Sicherheitsuntersuchung erhält, dürfen ohne die ausdrückliche Zustimmung der ausländischen Untersuchungsbehörde nicht veröffentlicht oder Dritten zugänglich gemacht werden, es sei denn, die ausländische Untersuchungsbehörde hat diese Unterlagen bereits veröffentlicht oder freigegeben. § 27 Absatz 2 Satz 2 gilt entsprechend.

(2) Die Bundesstelle ist zur Veröffentlichung ausländischer Untersuchungsberichte nicht verpflichtet. Im Falle einer Veröffentlichung ist § 28 Absatz 2 Satz 1 entsprechend anzuwenden, sofern dies nicht bereits durch den ausländischen Staat erfolgt ist.

§ 31 Wiederaufnahme eines Untersuchungsverfahrens

Werden innerhalb von zehn Jahren nach Fertigstellung des Untersuchungsberichts wesentliche neue Tatsachen bekannt, nimmt die Bundesstelle von Amts wegen oder auf Antrag bevollmächtigter Vertreter nach § 24 Absatz 1 oder der in § 27 Absatz 3 Satz 2 und 3, auch in Verbindung mit Satz 4, genannten Personen und Stellen das Verfahren wieder auf. Der Antrag kann frühestens nach Ablauf von sechs Monaten nach der Veröffentlichung des Untersuchungsberichts gestellt werden. Gegen die Ablehnung eines Antrags auf Wiederaufnahme kann innerhalb von 30 Tagen Beschwerde an das für den Sitz der Bundesstelle zuständige Oberverwaltungsgericht erhoben werden; sein Spruch ist unanfechtbar.

Unterabschnitt 6 - Untersuchungskammer

§ 32 Zuständigkeit

(1) Bei Seeunfällen von besonderer Bedeutung und Schwere, deren Sicherheitsuntersuchung nach Art und Umfang das übliche Maß überschritten hat und bei denen die Auswertung und Kombination der Ergebnisse der verschiedenen Untersuchungshandlungen nicht ohne Schwierigkeiten

zu einem offensichtlich eindeutigen Ergebnis führen können, setzt die Bundesstelle nach der Anhörung der in § 27 Absatz 3 genannten Personen eine Untersuchungskammer ein.

(2) Die Untersuchungskammer verfasst den endgültigen Untersuchungsbericht. Sie hat ferner das Wiederaufnahmeverfahren nach § 31 in den Fällen des Absatzes 1 durchzuführen.

(3) Die Untersuchungskammer besteht aus fünf Mitgliedern. Sie ist mit vier Mitgliedern beschlussfähig. Den Vorsitz führt ein Untersuchungsführer; im Falle eines Wiederaufnahmeverfahrens entscheidet der Direktor der Bundesstelle oder im Falle seiner Verhinderung sein Vertreter über den Vorsitz. Die übrigen Mitglieder und ihre Vertreter müssen über besondere fachliche Erfahrungen auf dem Gebiet der Technik in der Seefahrt, des Schiffsbetriebs oder der maritimen Verkehrssicherungsdienste verfügen und dürfen nicht der Bundesstelle oder einer der in § 13 Absatz 2 genannten Stellen oder dem Hersteller des Schiffes oder einem der Hersteller seiner Teile angehören.

(4) Die Untersuchungskammer soll ihre Ergebnisse möglichst einstimmig erzielen; bei Stimmengleichheit gibt die Stimme des Vorsitzenden den Ausschlag. Abweichende Ansichten sind als gesonderte Darstellung dem Untersuchungsbericht anzufügen.

(5) Die Untersuchungskammer ordnet und verteilt ihre Aufgaben in eigener Verantwortung auf ihre Mitglieder. Sie tritt jedoch nach außen nur als die Untersuchungskammer auf.

Unterabschnitt 7 - Allgemeine Vorschriften

§ 33 Erhebung, Verarbeitung und Nutzung von Daten

(1) Die Bundesstelle, die Untersuchungsbefugten nach den §§ 22 und 32 sowie die Teilnehmer nach § 24 Absatz 1 dürfen im Rahmen ihrer Befugnisse nach den §§ 22 und 26 personenbezogene Daten aller an dem Seeunfall beteiligten oder von einem Seeunfall betroffenen Personen sowie von Zeugen und anderen Personen, die im Rahmen der Sicherheitsuntersuchung über den Seeunfall Aussagen machen, erheben, verarbeiten und nutzen, soweit dies für die Erfüllung des Untersuchungsauftrags nach § 9 Absatz 2 erforderlich ist. Ebenso stellen sie die beteiligten Schiffe mit identifizierenden Schiffs- und Betreiberdaten sowie die relevanten Daten der an Bord befindlichen Passagiere und Ladung fest.

(2) Personenbezogene Daten im Sinne des Absatzes 1 sind

1. Name und Vorname,

2. Anschrift und Telekommunikationsinformationen,

3. Stellung an Bord des Schiffes oder in dem das Schiff betreibenden Unternehmen,

4. die nachgewiesenen Befähigungen,

5. Beruf und beruflicher Werdegang,

6. Seediensttauglichkeit,

7. Angaben zum aktuellen Gesundheitszustand und Vorerkrankungen, soweit hierin ein Bezug zum Seeunfall gesehen werden kann.

Im Falle der an Bord befindlichen Passagiere werden nur die Daten nach Satz 1 Nummer 1 bis 3 erhoben.

(3) Die nach Absatz 1 oder weiterer Vorschriften dieses Gesetzes erhobenen und gespeicherten personenbezogenen Daten, insbesondere vertrauliche Erklärungen, sind durch technisch-organisatorische Maßnahmen nach § 9 in Verbindung mit der Anlage des Bundesdatenschutzgesetzes gegen unbefugte Nutzung und dabei insbesondere gegen unbefugte Einsichtnahme besonders zu schützen.

(4) Die nach Absatz 1 erhobenen Daten werden entweder automatisiert nach § 3 Absatz 2 Satz 1 des Bundesdatenschutzgesetzes oder nichtautomatisiert nach § 3 Absatz 2 Satz 2 des Bundesdatenschutzgesetzes in Akten gespeichert.

§ 34 Vertraulichkeit

(1) Die Bundesstelle darf vorbehaltlich des § 35 die nachstehenden Informationen und Daten zu keinem anderen Zweck als dem einer Sicherheitsuntersuchung im Sinne dieses Abschnitts freigeben:

1. sämtliche Zeugenaussagen und sonstige Erklärungen, Berichte und Aufzeichnungen (Aufzeichnungen), die von der Bundesstelle oder in ihrem Auftrag im Verlauf der Sicherheitsuntersuchung erfasst oder niedergeschrieben worden sind,

2. Informationen, die die Identität von Personen preisgeben, die im Rahmen der Sicherheitsuntersuchung ausgesagt haben, oder

3. Informationen besonders empfindlicher und privater Natur, einschließlich gesundheitsbezogene Informationen über Personen, die von dem Seeunfall betroffen sind.

(2) Die Aufzeichnungen werden in den Untersuchungsbericht oder in seine Anhänge nur in zusammengefasster und anonymisierter Form und nur dann aufgenommen, wenn sie von Belang für die Analyse des untersuchten Seeunfalls sind.

(3) Die Bundesstelle erteilt ihre Zustimmung zur Teilnahme eines bevollmächtigten Vertreters nach §24 Absatz 1, sofern nichts anderes vorgeschrieben ist, nur dann, wenn der bevollmächtigende Staat zugesichert hat, dass er hinsichtlich der Verfügbarkeit der Nachweismittel die Gegenseitigkeit gewährt und dass er im Sinne des Abschnitts 10 des IMO-Codes für die Sicherheitsuntersuchung von Seeunfällen und Vorkommnissen auf See eine Freigabe der gewonnenen Unterlagen und Erkenntnisse nur vornimmt, soweit dies unter den Einschränkungen der Absätze 1 und 2 zulässig ist.

(4) Aussagen einer Person im Rahmen einer Sicherheitsuntersuchung nach diesem Abschnitt dürfen nicht zu Lasten des Aussagenden verwertet werden.

§ 35 Übermittlung an öffentliche Stellen

(1) Eine Übermittlung der in § 34 Absatz 1 bezeichneten Informationen und Daten an öffentliche Stellen ist zulässig, soweit im öffentlichen Interesse die Übermittlung für

1. die Sicherheit im Seeverkehr,

2. die Erteilung oder die Entziehung von Erlaubnissen und Genehmigungen im Zusammenhang mit dem Betrieb des Schiffes,

3. die Durchführung eines Strafverfahrens und die Verfolgung von Ordnungswidrigkeiten im Zusammenhang mit dem Seeunfall erforderlich ist. Ferner ist eine Übermittlung der in § 34 Absatz 1 bezeichneten Informationen und Daten an die zuständigen Polizeibehörden zum Zweck der Information von Angehörigen der vom Seeunfall Betroffenen zulässig, soweit dies zur Wahrung berechtigter Interessen dieser Personen erforderlich ist.

(2) Im Falle einer nach Absatz 1 zulässigen Übermittlung sind personenbezogene Daten in den Aufzeichnungen zu anonymisieren, es sei denn, dies wäre mit dem Zweck der Übermittlung unvereinbar. Teile von Aufzeichnungen, die im Sinne des § 34 Absatz 2 belanglos und nicht im Untersuchungsbericht enthalten sind, werden - ausgenommen im Falle des Absatzes 1 Satz 1 Nummer 3 - nicht übermittelt.

(3) Unter den Voraussetzungen des Absatzes 1 kann Akteneinsicht gewährt werden, wenn die Übermittlung von Daten einen unverhältnismäßigen Aufwand erfordert oder die die Akteneinsicht begehrende öffentliche Stelle unter Angaben von Gründen erklärt, dass die Übermittlung von Informa-

tionen und Daten zur Erfüllung ihrer Aufgabe nicht ausreichen würde. Satz 1 gilt entsprechend für Angehörige der vom Seeunfall Betroffenen, wenn dies für ihre Unterrichtung erforderlich ist. § 96 Satz 1 der Strafprozessordnung ist entsprechend anzuwenden.

(4) Unter den Voraussetzungen des Absatzes 1 Satz 1 und 2 in Verbindung mit Absatz 2 Satz 1 und unter Berücksichtigung des § 34 können Akten und Berichte der Bundesstelle auf Ersuchen zur Einsichtnahme öffentlichen Stellen übersandt werden, soweit dies für Zwecke der Strafverfolgung, für Zwecke der Rechtspflege und für Verwaltungsverfahren, die mit dem Ereignis und seinen Folgen in unmittelbarem Zusammenhang stehen, erforderlich ist. § 96 Satz 1 der Strafprozessordnung ist entsprechend anzuwenden. Im Falle einer Wiederaufnahme nach § 31 sind die Verwaltungsbehörden und Gerichte verpflichtet, die Akten auf Antrag der Bundesstelle unverzüglich zurückzugeben.

(5) Die Bundesstelle darf Daten im Sinne des § 33 zu den in Absatz 1 Satz 1 genannten Zwecken an die in § 14 genannten Stellen übermitteln, soweit dies jeweils zur Erfüllung der in der Zuständigkeit der empfangenden Stellen liegenden Aufgaben erforderlich ist, schutzwürdige Interessen eines Betroffenen nicht beeinträchtigt werden und bei den in § 14 genannten Stellen ein angemessenes Datenschutzniveau gewährleistet ist. Der Empfänger ist darauf hinzuweisen, dass die übermittelten Daten nur zu dem Zweck verarbeitet und genutzt werden dürfen, zu dessen Erfüllung sie ihm übermittelt worden sind.

§ 36 Aufbewahrungs- und Löschungsfristen

(1) Die Frist für die Aufbewahrung von Akten beträgt bei Unfällen mit tödlichem Ausgang 30 Jahre. Alle anderen Akten werden 20 Jahre aufbewahrt.

(2) Automatisiert und nicht automatisiert in Dateien gespeicherte Daten werden bei Unfällen mit tödlichem Ausgang nach Ablauf von 30 Jahren, im Übrigen nach Ablauf von 20 Jahren gelöscht.

(3) Die Frist nach den Absätzen 1 und 2 beginnt mit dem Abschluss der jeweiligen Sicherheitsuntersuchung. § 187 Absatz 1 des Bürgerlichen Gesetzbuchs und § 2 Absatz 1 bis 6, 8 und 9 des Bundesarchivgesetzes sind anzuwenden.

§ 37 Arbeit zur Verbesserung der Sicherheit im Seeverkehr

(1) Die Bundesstelle trägt zur Verbesserung der Sicherheit im Seeverkehr mit dem Ziel der Verhütung von Seeunfällen bei, indem sie Statistiken führt und auswertet, Informationen über Seeunfälle veröffentlicht, Daten über Seeunfälle, die in den Anwendungsbereich der Richtlinie 2009/18/EG fallen, einschließlich der aus den Sicherheitsuntersuchungen gewonnenen Erkenntnisse, unter Einhaltung der Vorgaben des Anhangs II der Richtlinie 2009/18/EG an die von der Europäischen Kommission nach der Richtlinie 2009/18/EG eingerichtete europäische elektronische Datenbank „Europäisches Informationsforum für Unfälle auf See" sowie an die Internationale Seeschifffahrtsorganisation weiterleitet und sich an Vortragsveranstaltungen beteiligt.

(2) Die Bundesstelle führt eine anonymisierte Statistik über Seeunfälle, die jährlich zu veröffentlichen ist.

(3) Die Statistik erfasst insbesondere

1. die beteiligten Schiffe nach Flaggenstaat, Schiffstyp, Herstellerwerft, Art der Beschädigung des Schiffes, Art der Drittschäden und Umweltschäden, bei der Beförderung gefährlicher Güter die Art des Gefahrguts, soweit relevant,

2. die Zahl der Personen an Bord des Schiffes,

3. die Zahl der verunglückten Personen an Bord und die Unfallfolgen, insbesondere tödliche, schwere, andere Verletzungen,

4. Unfallort, Datum, Hergang und Umstände des Unfalls, insbesondere Betriebsphase, Art des Seeunfalls, sowie ermittelte Unfallursachen.

(4) Die Bundesstelle wertet deutsche und ausländische Statistiken über Seeunfälle aus.

(5) Die Bundesstelle kann auf Anfrage Auswertungen und Statistiken gegen Kostenerstattung übersenden, soweit dadurch die ordnungsgemäße Erfüllung ihrer Aufgaben nicht beeinträchtigt wird. Behörden und als gemeinnützig anerkannte Organisationen, die Arbeit zur Sicherheit im Seeverkehr leisten, erhalten diese Auswertungen und Statistiken kostenlos.

§ 38 Beteiligung am Such- und Rettungsdienst

Die Bundesstelle wirkt beim Such- und Rettungsdienst mit, indem sie hierfür erforderliche Informationen auf Anfrage beschafft oder vorhandene hierfür erforderliche Informationen an die am Such- und Rettungsdienst beteiligten Personen und Stellen übermittelt. Vor der Einstellung der Suche nach einem vermissten Schiff ist zwischen der für die Koordinierung des Such- und Rettungsdienstes zuständigen Stelle und der Bundesstelle Einvernehmen herzustellen.

Abschnitt 4
Normvollzug gegenüber einzelnen an Bord verantwortlichen Personen im Verwaltungsverfahren

Unterabschnitt 1 - Grundsätze, Vorprüfung

§ 39 Sachlicher Geltungsbereich des Abschnitts 4, Verwaltungsverfahren

Dieser Abschnitt gilt für die Ermittlung und Auswertung der Ursachen von Seeunfällen in Bezug auf Inhaber von

1. Berechtigungen, die im Rahmen der Bundesaufgabe nach § 2 des Seeaufgabengesetzes in der jeweils geltenden Fassung erteilt wurden, und

2. Fahrerlaubnissen für Sportboote oder sonstige Fahrzeuge, die im Rahmen des Seeaufgabengesetzes erteilt wurden,

(Berechtigungen) sowie auf Inhaber von Befähigungszeugnissen oder Fahrerlaubnissen, die von einer ausländischen Behörde oder für die Binnenschifffahrt ausgestellt sind, als Verfahren im Sinne des § 9 des Verwaltungsverfahrensgesetzes.

§ 40 Internationale Untersuchungsregelungen im Sinne des Abschnitts 4

Die Anwendung der seefahrtbezogenen internationalen Untersuchungsregelungen nach den Buchstaben D und E der Anlage geschieht, soweit dieses Gesetz betroffen ist, im Rahmen dieses Abschnitts.

§ 41 Öffentliches Untersuchungsinteresse

(1) Bestehen hinreichende tatsächliche Anhaltspunkte, dass eine Berechtigung zu entziehen oder die Ausübung der mit ihr oder einem Befähigungszeugnis oder einer Fahrerlaubnis verbundenen Befugnisse zu beschränken ist, so führt die Wasser- und Schifffahrtsdirektion Nordwest unverzüglich eine Prüfung des Untersuchungsinteresses durch.

(2) Hinreichende Anhaltspunkte im Sinne von Absatz 1 sind insbesondere anzunehmen, wenn nach den in Buchstaben D oder E der Anlage enthaltenen internationalen Untersuchungsregelungen der Sachverhalt überprüft werden muss.

(3) Bieten die Ermittlungen der Behörde genügenden Anlass zu der Annahme, dass eine Maßnahme nach Absatz 1 mit Wahrscheinlichkeit zu erwarten ist, so beantragt sie unverzüglich bei dem zuständigen Seeamt, den Fall nach diesem Abschnitt in Bezug auf den von dem Verdacht betroffenen Berechtigten (Beteiligter) zu untersuchen.

(4) Wurde eine Berechtigung im Rahmen der Berufsausübung für die Wasser- und Schifffahrtsverwaltung des Bundes ausgeübt, so berichtet die Wasser- und Schifffahrtsdi-

rektion Nordwest über alle ihr bekannten Anhaltspunkte im Sinne des Absatzes 1 an das Bundesministerium für Verkehr, Bau und Stadtentwicklung, von dem sie angewiesen werden kann, einen Antrag nach Absatz 3 zu stellen.

(5) Zuständigkeiten und Befugnisse nach anderen Rechtsvorschriften zur Entziehung von Berechtigungen, Beschränkung ihrer Ausübung oder Sicherstellung oder Beschlagnahme der entsprechenden Urkunden bleiben unberührt.

§ 42 Pflicht zur Durchführung oder Einstellung der Untersuchung nach Abschnitt 4

(1) Eine Untersuchung nach diesem Abschnitt ist durchzuführen, soweit die Wasser- und Schifffahrtsdirektion Nordwest einen Antrag nach § 41 Absatz 3 gestellt hat.

(2) Die Untersuchung nach diesem Abschnitt ist einzustellen, wenn der Beteiligte gegenüber einer nach diesem Abschnitt zuständigen Behörde schriftlich unwiderruflich erklärt hat, dass er während der nächsten 30 Monate - oder bei Verdacht der Behörde nach § 41 Absatz 1 auf dauerhaftes Fehlen eines der in § 50 Absatz 1 Satz 1 genannten subjektiven Merkmale auf Dauer - von seiner Berechtigung keinen Gebrauch machen wird, und wenn er dieser Behörde die entsprechenden Berechtigungsurkunden für die jeweilige Dauer unwiderruflich zur Verwahrung übergeben hat. Die zuständige Behörde kann Auflagen anordnen und die in Satz 1 vorgesehenen Fristen bei Vorliegen besonderer Gründe verkürzen. § 50 Absatz 5 gilt entsprechend.

Unterabschnitt 2 - Organe der seeamtlichen Untersuchung

§ 43 Zuständigkeit der Seeämter

(1) Die Untersuchung nach diesem Abschnitt obliegt den Wasser- und Schifffahrtsdirektionen Nord und Nordwest. Sie bilden Untersuchungsausschüsse (Seeämter) in Hamburg, Kiel und Rostock sowie Bremerhaven und Emden.

(2) Das Bundesministerium für Verkehr, Bau- und Wohnungswesen wird ermächtigt, durch Rechtsverordnung die örtliche Zuständigkeit der Seeämter zu bestimmen.

(3) Das Bundesministerium für Verkehr, Bau- und Wohnungswesen erlässt eine Geschäftsordnung für die Seeämter; vor ihrem Erlass sind die Küstenländer zu hören. Die Geschäftsordnung ist im Verkehrsblatt bekannt zu machen.

§ 44 Besetzung der Seeämter

(1) Die Seeämter entscheiden in der Besetzung mit einem Vorsitzenden, einem Ständigen Beisitzer und zwei ehrenamtlichen Beisitzern.

(2) Beschlüsse werden mit Stimmenmehrheit gefasst. Bei Stimmengleichheit entscheidet die Stimme des Vorsitzenden. Dem Vorsitzenden und den Beisitzern dürfen keine Weisungen für den Inhalt des Spruchs (§ 49) erteilt werden. Entscheidungen außerhalb der mündlichen Verhandlung (§ 48) trifft der Vorsitzende.

(3) Der Vorsitzende der Seeämter muss die Befähigung zum Richteramt nach dem Deutschen Richtergesetz besitzen. Die Ständigen Beisitzer der Seeämter müssen, wenn es sich um Berechtigungen für Kauffahrteischiffe handelt, die Befähigung zum Kapitän auf entsprechenden Schiffen besitzen und über ausreichende Erfahrungen in der Führung eines Seeschiffes verfügen.

§ 45 Ehrenamtliche Beisitzer

(1) Die Wasser- und Schifffahrtsdirektionen Nord und Nordwest stellen eine Vorschlagsliste für die ehrenamtlichen Beisitzer der Seeämter ihres Bereichs auf. In die Listen werden Personen aufgenommen, die von den beteiligten Bundes- und Landesbehörden, Berufs- und Interessenvertretungen benannt werden.

(2) Jede Wasser- und Schifffahrtsdirektion wählt aus den Vorschlagslisten die erforderliche Anzahl von ehrenamtlichen Beisitzern aus (Beisitzerliste) und bestellt die Beisitzer für eine ehrenamtliche Tätigkeit.

(3) Das Bundesministerium für Verkehr, Bau und Stadtentwicklung wird ermächtigt, durch Rechtsverordnung zu bestimmen

1. die Personengruppen, aus denen die Beisitzer auszuwählen sind,

2. die fachlichen Anforderungen an die Beisitzer und

3. die Angaben, die die Beisitzerliste enthalten muss.

(4) Die ehrenamtlichen Beisitzer sind vom Vorsitzenden aus der Beisitzerliste zu den Sitzungen heranzuziehen. Dabei ist unter Berücksichtigung der Bordfunktion des oder der Beteiligten sowie des Ortes und der Art des zugrunde liegenden Sachverhalts die sachkundige und unabhängige Besetzung sicherzustellen. Die ehrenamtlichen Beisitzer sind berechtigt und verpflichtet, sich über die Ergebnisse der Ermittlungen zu unterrichten.

Unterabschnitt 3 - Seeamtsverfahren

§ 46 Beweisaufnahme

(1) Außerhalb der mündlichen Verhandlung sind Beweise aufzunehmen, wenn der Sachverhalt es erfordert oder die Beweisaufnahme in der Verhandlung voraussichtlich nicht möglich oder besonders erschwert sein würde. Zur Beweisaufnahme sind der Ständige Beisitzer und nach Lage des Falles weitere Beisitzer hinzuzuziehen. § 48 Absatz 7 und 8 findet Anwendung. Das Seeamt ist befugt, bei der Ermittlung des Sachverhalts eine Versicherung an Eides statt abzunehmen.

(2) Behörden und Stellen, deren Geschäftsbereiche von dem zugrunde liegenden Sachverhalt unmittelbar betroffen sind, sollen von einer beabsichtigten Beweisaufnahme unterrichtet werden; erstrecken sich die Ermittlungen auf ein Schiff unter fremder Flagge, soll, und zwar auch von der Vollstreckung einer Anordnung nach § 47 Absatz 1 Satz 2, die zuständige konsularische Vertretung benachrichtigt werden.

§ 47 Auskunfts-, Herausgabe- und Aufbewahrungspflichten

(1) Die nach dem Schiffssicherheitsgesetz in der jeweils geltenden Fassung für die Sicherheit des Schiffes Verantwortlichen sind nach Maßgabe dieser Verantwortlichkeit verpflichtet, dem Seeamt auf Verlangen über die Beschaffenheit, Besatzung, den Liegeort und den Reiseplan der von dem zugrunde liegenden Sachverhalt betroffenen Schiffe Auskunft zu erteilen. Die für die Untersuchung erheblichen Unterlagen und Gegenstände sind auf Verlangen von demjenigen herauszugeben, der sie in Gewahrsam hat oder verfügungsbefugt ist; dies gilt insbesondere für die benutzten Seekarten, Seetagebücher sowie technischen Aufzeichnungen und Unterlagen. Die nach Satz 2 angeforderten Unterlagen sind von den herausgabepflichtigen Personen bis zum Abschluss der seeamtlichen Untersuchung aufzubewahren.

(2) Die Herausgabe von Unterlagen kann verweigert werden, wenn das Bundesministerium der Verteidigung dies aus Gründen der militärischen Sicherheit für erforderlich hält.

§ 48 Mündliche Verhandlung

(1) Im Untersuchungsverfahren des Seeamtes findet eine mündliche Verhandlung statt, soweit nicht sämtliche Beteiligten demgegenüber dem Vorsitzenden unwiderruflich widersprechen.

(2) Die Beteiligten werden zur mündlichen Verhandlung mit angemessener Frist schriftlich geladen und sind ver-

pflichtet, hierzu persönlich zu erscheinen. Ist eine schriftliche Ladung zur mündlichen Verhandlung nicht rechtzeitig möglich, so kann sie auch durch Telefon, Telegramm, Fernschreiben, Telefax oder Boten bewirkt werden. Die Ladung enthält den Hinweis, dass sich der Beteiligte der Hilfe eines Beistandes bedienen kann und dass bei unentschuldigtem Fernbleiben des zum Erscheinen verpflichteten Beteiligten dessen zwangsweise Vorführung angeordnet werden kann.

(3) Der Verhandlungstermin ist den Behörden und Stellen, deren Aufgaben unmittelbar berührt werden, mitzuteilen. Ist der Inhaber eines ausländischen Befähigungszeugnisses beteiligt, ist der Verhandlungstermin der zuständigen konsularischen Vertretung mitzuteilen.

(4) Das Seeamt soll die Verhandlung so fördern, dass sie möglichst in einem Termin erledigt werden kann.

(5) Die mündliche Verhandlung ist öffentlich, soweit nicht ein Betroffener demgegenüber dem Vorsitzenden widerspricht. Das Seeamt kann für die Verhandlung oder für einen Teil davon die Öffentlichkeit auch ausschließen, wenn

1. eine Gefährdung der öffentlichen Sicherheit und Ordnung zu besorgen ist oder

2. militärische Angelegenheiten geheim zu halten oder wichtige Geschäfts- oder Betriebsgeheimnisse zu wahren sind.

Der Ausschluss der Öffentlichkeit aus anderen Gründen als denen der Geheimhaltung militärischer Angelegenheiten oder der Wahrung wichtiger Geschäfts- oder Betriebsgeheimnisse steht der Anwesenheit amtlicher Vertreter anderer Staaten nicht entgegen.

(6) Der Vorsitzende eröffnet und leitet die mündliche Verhandlung. Soweit dieses Gesetz keine Verfahrensregelungen enthält, bestimmt der Vorsitzende den Gang der Verhandlung nach pflichtgemäßem Ermessen. Die §§ 66, 68 Abs. 2 und 3 und § 71 des Verwaltungsverfahrensgesetzes finden Anwendung. Wer erst im Verlauf der mündlichen Verhandlung als Beteiligter zu dem Verfahren hinzugezogen wird, kann verlangen, dass die mündliche Verhandlung ausgesetzt wird, insbesondere wenn er einen Beistand hinzuziehen oder Akteneinsicht nehmen will. Der Beteiligte ist hierauf hinzuweisen.

(7) Auf die Mitwirkung von Zeugen und Sachverständigen findet § 65 des Verwaltungsverfahrensgesetzes mit der Maßgabe Anwendung, dass die Vorschriften über Zeugen auch für Beteiligte gelten. Beteiligte können die Aussage über Fragen verweigern, deren Beantwortung sie der Gefahr einer Maßnahme nach § 50 Absatz 1, 2 oder 4 aussetzen würde. Für die eidliche Vernehmung ist auch das Gericht des Ortes zuständig, an dem die mündliche Verhandlung stattfindet. Beteiligte werden nicht eidlich vernommen.

(8) Über die mündliche Verhandlung ist eine Niederschrift zu fertigen. Die Niederschrift muss Angaben enthalten über

1. den Ort und den Tag der Verhandlung,

2. die Namen des Vorsitzenden, des Schriftführers und der Beisitzer des Seeamtes, der erschienenen Beteiligten, Zeugen und Sachverständigen,

3. den behandelten zugrunde liegenden Sachverhalt,

4. den wesentlichen Inhalt der Aussagen der Beteiligten, der Zeugen und Sachverständigen und

5. das Ergebnis eines Augenscheines.

Die Niederschrift ist von dem Vorsitzenden und vom Schriftführer zu unterzeichnen.

§ 49 Spruch des Seeamtes

(1) Das Untersuchungsverfahren wird durch Spruch abgeschlossen. Das Seeamt entscheidet unter Würdigung des Gesamtergebnisses des Verfahrens.

(2) Der Spruch enthält

1. Feststellungen über die zugrunde liegenden Tatsachen,

2. die Entscheidung, dass ein fehlerhaftes Verhalten eines Beteiligten vorliegt, sofern die Untersuchung dies ergeben hat,

3. unter den nach § 50 Absatz 1 bis 4 jeweils dafür maßgebenden Voraussetzungen

a) die befristete oder unbefristete Untersagung der Ausübung von Befugnissen (Fahrverbot) (§ 50 Absatz 1 und 4), erforderlichenfalls mit Auflagen (§ 50 Absatz 2),

b) die Entziehung einer Berechtigung (§ 50 Absatz 2) oder

c) die Erlaubnis, ein minderes Befähigungszeugnis auszustellen (§ 50 Absatz 3),

4. in den Fällen der Nummer 3 Buchstabe a eine Entscheidung, ob ein Vermerk über ein Fahrverbot von mehr als zwölf Monaten Dauer in eine Urkunde über die Berechtigung einzutragen ist, und

5. in den Fällen der Nummer 3 Buchstabe a und b eine Entscheidung, ob eine vorläufige Sicherstellung und amtliche Verwahrung der über die Berechtigung ausgestellten Urkunde oder Urkunden oder eine Beschlagnahme zum Zwecke einer Eintragung nach Nummer 4 vorzunehmen ist.

Der Spruch lautet auf Einstellung des Verfahrens, wenn sich herausstellt, dass die Voraussetzungen der §§ 39 bis 41 nicht vorliegen. Der Spruch enthält eine Kostenentscheidung.

(3) Der Spruch darf eine Entscheidung nach Absatz 2 Satz 1 Nr. 2 nur enthalten, wenn er auf Grund dieser Entscheidung auch eine Entscheidung nach Absatz 2 Satz 1 Nr. 3 enthält. Das Seeamt kann ein fehlerhaftes Verhalten eines Beteiligten feststellen, wenn dieser nach der Überzeugung des Seeamtes Rechtsvorschriften, Verwaltungsanordnungen, Richtlinien oder allgemeine für seinen Verantwortungsbereich geltende Grundsätze, insbesondere allgemeine

Grundsätze der Schiffsführung, der Schiffsbetriebstechnik, des Funkdienstes, der Sicherheit der Schifffahrt, des Umweltschutzes auf See oder allgemein anerkannte Regeln der Technik nicht beachtet hat.

(4) Der Spruch darf Entscheidungen nach Absatz 2 Satz 1 Nr. 2 oder 3 nur enthalten, wenn

1. das Seeamt sie zur mündlichen oder schriftlichen Erörterung gestellt hat und

2. der Beteiligte ausreichend Gelegenheit zur Stellungnahme gegenüber dem Seeamt hatte oder trotz ordnungsgemäßer Ladung zur mündlichen Verhandlung ohne ausreichende Entschuldigung nicht erschien. Ist der Beteiligte bei einer mündlichen Verhandlung abwesend, so darf der Spruch Entscheidungen nach Absatz 2 Satz 1 Nr. 2 oder 3 nur enthalten, wenn der Beteiligte zuvor auf diese Möglichkeit hingewiesen worden ist.

(5) Der Spruch ist schriftlich abzufassen und von dem Vorsitzenden und den Beisitzern zu unterzeichnen. Er soll binnen eines Monats vollständig vorliegen. In den Gründen sind die zugrunde liegenden Tatsachen darzustellen. Die Beteiligten und ihre Berechtigungen oder Fahrerlaubnisse sind genau zu bezeichnen. Das Ergebnis der Beweisaufnahme ist zu würdigen. Es sind die Umstände anzugeben, die für den Spruch maßgebend waren.

(6) Der Spruch ist den Beteiligten zuzustellen. Auf Antrag erhalten sie eine Ausfertigung der Niederschrift über die mündliche Verhandlung.

(7) Das Seeamt teilt vollziehbare Entscheidungen im Sinne von Absatz 2 Satz 1 Nr. 3 bis 5 auch den folgenden Stellen mit:

1. Stellen, die die betreffenden Berechtigungen erteilt oder Zeugnisse ausgestellt haben, bei Fahrerlaubnissen für in Deutschland registrierte Sportboote der Wasser- und Schifffahrtsdirektion Nordwest;

2. in den Fällen, in denen das Seeamt weder die Eintragung eines Vermerks noch die vorläufige Sicherstellung und amtliche Verwahrung einer Urkunde angeordnet hat, den im Rahmen des Seeaufgabengesetzes mit dem schifffahrtspolizeilichen Vollzug beauftragten Behörden.

(8) Unanfechtbare Sprüche des Seeamtes können vollständig - einschließlich der Schiffsnamen, soweit es zur Erfüllung der öffentlichen Aufgabe nach diesem Abschnitt erforderlich ist - oder in gekürzter Fassung in einer amtlichen Entscheidungssammlung veröffentlicht werden, wenn die Namen der natürlichen Personen in der Veröffentlichung anonymisiert werden. Beruht der Spruch auf einem nichtöffentlichen Verfahren, so sind bei der Entscheidung über die Veröffentlichung die Umstände zu berücksichtigen, auf denen die Nichtöffentlichkeit des Verfahrens beruht.

§ 50 Entzug und Beschränkung
der Ausübung von Berechtigungen

(1) Das Seeamt hat im Spruch ein Fahrverbot für höchstens 30 Monate auszusprechen, wenn es zu der Überzeugung gelangt ist, dass eine solche Maßnahme für die Sicherheit der Seefahrt im Sinne des § 1 erforderlich ist, weil der In-

haber der Berechtigung während dieser Zeit nicht die für eine Tätigkeit als Schiffsführer oder sonst in der Seefahrt Verantwortlicher gebotene körperliche oder geistige Eignung oder das für diese Tätigkeit gebotene Verantwortungsbewusstsein besitzt. Ein solcher Mangel ist in der Regel anzunehmen, wenn der Inhaber infolge des Genusses alkoholischer Getränke oder anderer berauschender Mittel nicht in der Lage war, den Dienst an Bord sicher auszuüben. Falls der Inhaber mehr als ein Befähigungszeugnis besitzt, kann im Spruch ausgesprochen werden, dass die Ausübung einzelner Befugnisse unbeschränkt bleibt.

(2) Hält das Seeamt eine Maßnahme nach Absatz 1 aus besonderen Gründen zur Sicherheit der Seefahrt nicht für ausreichend, so kann es zusätzliche Auflagen anordnen oder die Berechtigung auf Dauer entziehen.

(3) Die Erteilung einer Berechtigung, deren Befugnisse in der entzogenen oder hinsichtlich der Ausübung beschränkten Berechtigung eingeschlossen sind, kann zugelassen werden.

(4) Unter den Voraussetzungen des Absatzes 1 Satz 1 und 2 kann gegenüber dem Inhaber eines nicht von einer Behörde der Bundesrepublik Deutschland ausgestellten Befähigungszeugnisses oder einer ausländischen Fahrerlaubnis für Sportboote oder sonstige Fahrzeuge sowie eines Befähigungszeugnisses der Binnenschifffahrt für alle oder bestimmte deutsche Hoheitsgewässer ein Fahrverbot ausgesprochen werden.

(5) Wird die Ausübung einer Berechtigung im Sinne des Absatzes 1 oder 4 beschränkt, so ruht diese; die damit verbundene Befugnis darf vom Zeitpunkt des Spruchs - und

nach einer gerichtlichen Anfechtungsklage oder Einlegung eines sonstigen Rechtsmittels vom Zeitpunkt der Abweisung des Rechtsbehelfs - an bis zum Ablauf der hierfür im Spruch bezeichneten Frist und zur Erfüllung von Auflagen nach Absatz 2, soweit vorhanden, nicht mehr ausgeübt werden. Befinden sich in den Fällen des § 49 Absatz 2 Nummer 4 und 5 die über die Berechtigung ausgestellten Urkunden nicht im Besitz des Seeamtes, sind sie vom Inhaber unverzüglich dem Seeamt abzuliefern oder im Falle eines Fahrverbots zur Eintragung vorzulegen. § 111a Abs. 5 der Strafprozessordnung gilt entsprechend.

(6) Befähigungszeugnisse sowie Fahrerlaubnisse für Sportboote, die von einer Behörde der Deutschen Demokratischen Republik ausgestellt sind, gelten im Sinne dieser Vorschrift als von einer Behörde der Bundesrepublik Deutschland ausgestellt.

Unterabschnitt 4 - Kosten

§ 51 Gebühren und Auslagen

(1) Für Amtshandlungen nach § 49 Absatz 2 Satz 1 Nummer 3 werden Gebühren erhoben.

(2) Gebühren werden auch für einen erfolglos eingelegten Widerspruch erhoben.

(3) Auslagen werden von einem Beteiligten nur erhoben, wenn das Seeamt gegen ihn eine Maßnahme nach § 50 Absatz 1, 2 oder 4 angeordnet hat.

(4) Das Bundesministerium für Verkehr, Bau und Stadtentwicklung wird ermächtigt, durch Rechtsverordnung die Gebührentatbestände und die Gebührenhöhe zu bestimmen und dabei feste Sätze oder Rahmensätze vorzusehen.

Unterabschnitt 5 - Rechtsbehelfe

§ 52 Widerspruchsverfahren

Gegen Verwaltungsakte der Seeämter kann innerhalb eines Monats nach ihrer Bekanntgabe Widerspruch erhoben werden. Widerspruchsbehörde ist die Wasser- und Schifffahrtsdirektion Nord. Dem Widerspruch kann das Seeamt nicht nach § 72 der Verwaltungsgerichtsordnung abhelfen.

Abschnitt 5
Bußgeld-, Schluss- und Übergangsvorschriften

Unterabschnitt 1 - Bußgeldvorschriften

§ 53 Bußgeldvorschriften

(1) Ordnungswidrig handelt, wer vorsätzlich oder fahrlässig

1. einer Rechtsverordnung nach § 22 Absatz 4 oder einer vollziehbaren Anordnung auf Grund einer solchen Rechtsverordnung zuwiderhandelt, soweit die Rechtsverordnung für einen bestimmten Tatbestand auf diese Bußgeldvorschrift verweist,

1a. entgegen § 23 Absatz 3 Satz 1 den Unfallort, eine Unfallspur, ein Wrackteil oder Trümmerstück des Schiffes oder sonstigen Inhalt des Schiffes oder der Ladung berührt oder verändert,

2. sich ohne Zustimmung nach § 24 Absatz 6 Satz 1 zum Stand der Untersuchung oder zu einzelnen Ergebnissen öffentlich äußert,

3. entgegen § 26 Absatz 3 Satz 1 nicht wahrheitsgemäß aussagt,

4. entgegen § 47 Absatz 1 eine Auskunft nicht, nicht richtig, nicht vollständig oder nicht rechtzeitig erteilt, eine Unterlage oder einen Gegenstand nicht oder nicht rechtzeitig herausgibt oder eine Unterlage nicht oder nicht für die vorgeschriebene Dauer aufbewahrt,

5. einem vollziehbaren Fahrverbot nach § 50 Absatz 4 zuwiderhandelt oder

6. entgegen § 50 Absatz 5 Satz 2 eine dort genannte Urkunde nicht oder nicht rechtzeitig abliefert oder nicht oder nicht rechtzeitig vorlegt.

(2) Die Ordnungswidrigkeit kann

1. im Falle des Absatzes 1 Nummer 1 mit einer Geldbuße bis zu fünfundzwanzigtausend Euro und

2. in den übrigen Fällen mit einer Geldbuße geahndet werden.

(3) Verwaltungsbehörden im Sinne des § 36 Abs. 1 Nr. 1 des Gesetzes über Ordnungswidrigkeiten sind die Wasser- und Schifffahrtsdirektionen Nord und Nordwest.

Unterabschnitt 2 - Schlussvorschriften

§ 54 Vollzugsvereinbarungen zwischen Bund und Küstenländern

Dieses Gesetz berührt nicht die über die Vereinbarungen über die Ausübung der schifffahrtpolizeilichen Vollzugsaufgaben erlassenen Gesetze der Länder

1. Bremen vom 12. April 1955 (Gesetzblatt der Freien Hansestadt Bremen S. 59) und vom 28. Juni 1983 (Bremer Gesetzblatt S. 405),

2. Hamburg vom 5. Mai 1956 (Hamburgisches Gesetz- und Verordnungsblatt S. 83) und vom 16. Dezember 1982 (Hamburgisches Gesetz- und Verordnungsblatt S. 387),

3. Mecklenburg-Vorpommern vom 12. November 1992 (Gesetz- und Verordnungsblatt für Mecklenburg-Vorpommern S. 660),

4. Niedersachsen vom 23. Dezember 1955 (Niedersächsisches Gesetz- und Verordnungsblatt S. 293) und vom 2. Juni 1982 (Niedersächsisches Gesetz- und Verordnungsblatt S. 153),

5. Schleswig-Holstein vom 15. Juli 1955 (Gesetz- und Verordnungsblatt für Schleswig-Holstein S. 137) und vom 10. Dezember 1984 (Gesetz- und Verordnungsblatt für Schleswig-Holstein S. 247).

§ 55 Einschränkung von Grundrechten

Das Grundrecht der Unverletzlichkeit der Wohnung (Artikel 13 des Grundgesetzes) wird nach Maßgabe dieses Gesetzes eingeschränkt.

§ 56 Verordnungsermächtigung

Das Bundesministerium für Verkehr, Bau und Stadtentwicklung wird ermächtigt, zur Verbesserung der Sicherheit im Seeverkehr durch Rechtsverordnung ohne Zustimmung des Bundesrates die Anlage in Anpassung an den Gesamtbestand der völkerrechtlich als verbindlich angenommenen und auf Grund innerstaatlichen Rechts anzuwendenden oder gemeinschafts- oder unionsrechtlich in Kraft getretenen seefahrtbezogenen internationalen Untersuchungsregelungen zu ändern.

§ 57 Übergangsregelung

Sicherheitsuntersuchungen von Seeunfällen, die vor dem 1. Dezember 2011 eingeleitet worden sind, sind nach den am 30. November 2011 geltenden Vorschriften dieses Gesetzes fortzuführen.

Anlage
(zu den §§ 2, 3, 10, 20 Absatz 4, §§ 40 und 41 Absatz 2)

Internationale seefahrtbezogene Untersuchungsregelungen

A. Allgemein anerkannte völkerrechtliche Vorschriften über Verpflichtungen zur Durchführung von Untersuchungen von Seeunfällen und zur internationalen Zusammenarbeit

1. Artikel 94 Absatz 7 - auch in Verbindung mit Artikel 58 Absatz 2 - sowie Artikel 194 Absatz 1 und 3 Buchstabe b des Seerechtsübereinkommens der Vereinten Nationen (SRÜ) (BGBl. 1994 II S. 1798)

2. Artikel 2 Buchstabe g des Übereinkommens Nr. 147 der Internationalen Arbeits-Organisation (ILO) über Mindestnormen auf Handelsschiffen (BGBl. 1980 II S. 606)

3. Kapitel XI-1, Regel 6 des Internationalen Übereinkommens von 1974 zum Schutz des menschlichen Lebens auf See (SOLAS), angenommen durch Entschließung MSC 257(84) der Internationalen Seeschifffahrt-Organisation (IMO) am 16. Mai 2008 (BGBl. 2010 II S. 457 (458 f.)), in Verbindung mit Teil I und II des Codes über internationale Normen und empfohlene Verfahrensweisen für die Sicherheitsuntersuchung eines Seeunfalls oder eines Vorkommnisses auf See (Unfall- Untersuchungs-Code) (MSC.255(84)), angenommen am 16. Mai 2008 (VkBl. 2010 S. 632)

4. Kapitel I Teil C der Anlage zum Internationalen Übereinkommen von 1974 zum Schutz des menschlichen Lebens auf See (SOLAS) (BGBl. 1979 II S. 141; Bekanntmachung der Neufassung in der amtlichen deutschen Übersetzung: BGBl. 1998 II S. 2579)

5. Artikel 23 des Internationalen Freibord-Übereinkommens von 1966 (BGBl. 1969 II S. 249)

6. Artikel 6 und 12 des Internationalen Übereinkommens von 1973 zur Verhütung der Meeresverschmutzung durch Schiffe (MARPOL) (BGBl. 1982 II S. 2; Bekanntmachung der Neufassung in der amtlichen deutschen Übersetzung: BGBl. 1996 II S. 399)

B. Richtlinien- und Verordnungsbestimmungen der Europäischen Gemeinschaft über die Untersuchung von Seeunfällen

1. Artikel 5 und 12 in Verbindung mit Artikel 1 bis 3 der Richtlinie 1999/35/EG des Rates vom 29. April 1999 über ein System verbindlicher Überprüfungen im Hinblick auf den sicheren Betrieb von Ro-Ro-Fahrgastschiffen und Fahrgast-Hochgeschwindigkeitsfahrzeugen im Linienverkehr (ABl. L 138 vom 1.6.1999, S. 1)

2. Richtlinie 2009/18/EG des Europäischen Parlaments und des Rates vom 23. April 2009 zur Festlegung der Grundsätze für die Sicherheitsuntersuchung von Unfällen im Seeverkehr und zur Änderung der Richtlinie 1999/35/EG des Rates und der Richtlinie 2002/59/EG des Europäischen Parlaments und des Rates (ABl. L 131 vom 28.5.2009, S. 114)

C. Internationale Richtlinien und Standards, die bestimmten, in Abschnitt A und B genannten Regeln und Normen zugrunde gelegt werden müssen

1. Code für die Untersuchung von Unfällen und Vorkommnissen auf See der Internationalen Seeschifffahrts-Organisation (IMO), Entschließung A.849(20) vom 27. November 1997, geändert durch Entschließung A.884(21) vom 25. November 1999 (VkBl. 2000 S. 128, Anlagenband B 8124 S. 21)

2. Entschließung A.987(24) der Internationalen Seeschifffahrts-Organisation (IMO), angenommen am 1. Dezember 2005 (Leitlinien über die faire Behandlung von Seeleuten bei einem Seeunfall (VkBl. 2010 S. 506))

- Leitlinien über die faire Behandlung von Seeleuten bei einem Seeunfall (IMO-Rundschreiben Nr. 2711 vom 26. Juni 2006 (VkBl. 2010 S. 506))

D. Allgemein anerkannte völkerrechtliche Regeln der Untersuchung

1. Verpflichtungen zu Untersuchungsmaßnahmen

1.1 Artikel 94 Absatz 6 Satz 2 - auch in Verbindung mit Artikel 58 Absatz 2 - SRÜ

1.2 Regel I/5 Absatz 1 der Anlage des Internationalen Übereinkommens von 1978 über Normen für die Ausbildung, die Erteilung von Befähigungszeugnissen und den Wachdienst von Seeleuten (STCW) (BGBl. 1982 II S. 297; 1988 II S. 1118)

2. Schranken der Untersuchung Artikel 97 Absatz 3 SRÜ

E. Richtlinienbestimmungen der Europäischen Gemeinschaft über den Berechtigungsentzug

- Artikel 9 Absatz 1 der Richtlinie 2008/106/EG vom 19. November 2008 über Mindestanforderungen für die Ausbildung von Seeleuten (Neufassung) (ABl. L 323 vom 3.12.2008, S. 33)

VERORDNUNG (EU) Nr. 1286/2011
DER KOMMISSION

vom 9. Dezember 2011

über die Festlegung einer gemeinsamen Methodik zur Untersuchung von Unfällen und Vorkommnissen auf See gemäß Artikel 5 Absatz 4 der Richtlinie 2009/18/EG des Europäischen Parlaments und des Rates

(Text von Bedeutung für den EWR)

DIE EUROPÄISCHE KOMMISSION —

gestützt auf den Vertrag über die Arbeitsweise der Europäischen Union,

gestützt auf die Richtlinie 2009/18/EG des Europäischen Parlaments und des Rates vom 23. April 2009 zur Festlegung der Grundsätze für die Untersuchung von Unfällen im Seeverkehr und zur Änderung der Richtlinie 1999/35/EG des Rates und der Richtlinie 2002/59/EG des Europäischen Parlaments und des Rates[9], insbesondere auf Artikel 5 Absatz 4, in Erwägung nachstehender Gründe:

(1) Gemäß der Richtlinie 2009/18/EG ist die Kommission aufgefordert, eine gemeinsame Methodik für die Untersuchung von Unfällen und Vorkommnissen auf See festzulegen, die von der Untersuchungsstelle bei Sicherheitsuntersuchungen befolgt werden muss.

---

[9] ABl. L 131 vom 28.5.2009, S. 114.

(2) Die gemeinsame Methodik für die Untersuchung von Unfällen und Vorkommnissen auf See sollte einheitliche Standards vorgeben, die grundsätzlich bei allen gemäß der Richtlinie 2009/18/EG durchzuführenden Untersuchungen anzuwenden sind, um dabei einen hohen Qualitätsstandard zu gewährleisten.

(3) Die allgemeinen Vorgaben der gemeinsamen Methodik sollten von den Untersuchungsstellen der Mitgliedstaaten unmittelbar angewandt werden.

(4) Die in dieser Verordnung vorgesehenen Maßnahmen entsprechen der Stellungnahme des Ausschusses für die Sicherheit im Seeverkehr und die Vermeidung von Umweltverschmutzung durch Schiffe[10]

HAT FOLGENDE VERORDNUNG ERLASSEN:

Artikel 1
Die gemeinsame Methodik für die Untersuchung von Unfällen und Vorkommnissen auf See, auf die in Artikel 5 Absatz 4 der Richtlinie 2009/18/EG verwiesen wird, ist im Anhang dieser Verordnung ausgeführt.

Artikel 2
Diese Verordnung tritt am zwanzigsten Tag nach ihrer Veröffentlichung im Amtsblatt der Europäischen Union in Kraft.

---

[10] ABl. L 324 vom 29.11.2002, S. 1.

Diese Verordnung ist in allen ihren Teilen verbindlich und gilt unmittelbar in jedem Mitgliedstaat.

Brüssel, den 9. Dezember 2011

Für die Kommission
Der Präsident
José Manuel BARROSO

ANHANG

GEMEINSAME METHODIK
FÜR DIE UNTERSUCHUNG VON
UNFÄLLEN UND VORKOMMNISSEN AUF SEE

A - ZWECK, UMFANG UND ANWENDUNG

Zweck der Sicherheitsuntersuchungen von Unfällen auf See ist es, die Gefahr künftiger Unfälle und Vorkommnisse zu verringern und die Schwere ihrer Folgen, etwa den Verlust von Menschenleben, den Verlust von Schiffen sowie die Verschmutzung der Meeresumwelt, abzumildern.

Zweck dieses Dokuments ist es, den Untersuchungsstellen der Mitgliedstaaten eine gemeinsame Methodik für die Durchführung von Sicherheitsuntersuchungen gemäß der Richtlinie 2009/18/EG an die Hand zu geben. Die Methodik stützt sich auf den Anwendungsbereich und die Begriffsbestimmungen der Richtlinie 2009/18/EG unter Berücksichtigung der IMO-Dokumente, auf die in der Richtlinie verwiesen wird.

Ziel der Methodik ist es, eine einheitliche Vorgehensweise, die grundsätzlich für alle gemäß der Richtlinie durchgeführten Untersuchungen gilt, festzulegen und die Merkmale einer fachgerechten Sicherheitsuntersuchung zu erläutern. Es handelt sich dabei nicht um eine Checkliste. Die Untersuchungsbeauftragten berücksichtigen aufgrund ihrer Fachkenntnisse und Erfahrung in jedem Einzelfall die jeweiligen Umstände.

Mit Hilfe dieser gemeinsamen Methodik und eines objektiven und systemischen Untersuchungsansatzes dürfte die

Untersuchungsstelle in der Lage sein, Lehren aus jedem Unfall zu ziehen und so die Sicherheit im Seeverkehr zu erhöhen.

Die sorgfältige Ermittlung der Ursachen eines Unfalls oder Vorkommnisses auf See erfordert eine zeitnahe und methodische Untersuchung, die über den unmittelbaren Augenschein hinausgeht und nach den Umständen forscht, die zu weiteren Ereignissen in der Zukunft führen können. Die Untersuchung kann daher als eine Möglichkeit angesehen werden, nicht nur die unmittelbaren Ursachen zu erforschen, sondern auch Fragen im Gesamtzusammenhang von Gesetzgebung, Politik und Umsetzung zu klären.

B - INHALT

1. Einsatzbereitschaft

1.1 Jede Untersuchungsstelle muss vorausplanen, damit es nach Eingang einer Meldung und während der Einleitung einer Untersuchung nicht aufgrund fehlender sachdienlicher bzw. wesentlicher Informationen, unzureichender Vorbereitung oder aus Unkenntnis zu unnötigen Verzögerungen kommt. Eine solche Vorplanung muss sicherstellen, dass Ressourcen und Verfahren möglichst sofort und bedarfsgerecht zur Verfügung stehen. Dies umfasst beispielsweise genügend ausreichend qualifizierte Untersuchungsbeauftragte und eine gegebenenfalls notwendige nationale und internationale Koordinierung, damit erste Maßnahmen unverzüglich getroffen werden können, nachdem ein Unfall oder ein Vorkommnis erstmals gemeldet wurde.

1.2 Es ist dafür zu sorgen, dass die Untersuchungsstelle unverzüglich Meldung von Unfällen oder Vorkommnissen rund um die Uhr entgegennehmen kann.

2. Ersteinschätzung und Reaktion

2.1 Sobald eine Meldung eingeht, muss die Untersuchungsstelle die Lage einschätzen. Die Ersteinschätzung ist entscheidend für die Untersuchungsstelle, um sich möglichst schnell einen Überblick zu verschaffen, den eventuellen Verlust von Beweisen zu minimieren und den Informationsbedarf zu klären, um über geeignete Maßnahmen entscheiden zu können.

2.2 In diese Einschätzung sind möglichst folgende Überlegungen einzubeziehen:

- Gesamtsituation

- wichtige Zeitabläufe

- beteiligtes Personal

- Ereigniskategorie

Zusätzlich zu den in Artikel 5 Absatz 2 der Richtlinie 2009/18/EG genannten Kriterien können auch folgende Aspekte in die Entscheidung einfließen, ob Unfälle oder Vorkommnisse, die als nicht sehr schwer eingestuft wurden, untersucht werden:

- der potenzielle Sicherheitswert, den eine Untersuchung erbringen könnte

- das öffentliche Profil des Unfalls

- die Frage, ob der Unfall einem bekannten Trend zuzuordnen ist

- die möglichen Unfallfolgen

- der Umfang der verfügbaren und eingeplanten Ressourcen im Falle sich widerstreitender Prioritäten und der Umfang eines etwaigen Untersuchungsrückstands

- etwaige Risiken bei Unterlassung einer Untersuchung

- schwere Verletzungen des Personals und/oder der Fahrgäste an Bord

- Verschmutzung ökologisch sensibler Gebiete

- Schiffe mit erheblichen strukturellen Schäden

- Unfälle, die den Betrieb großer Häfen stören oder stören können

2.3 Sobald die Entscheidung getroffen wurde, einen schweren Unfall oder einen anderen Unfall oder ein anderes Vorkommnis auf See zu untersuchen, ist die Untersuchung in der Regel genauso unverzüglich durchzuführen wie bei einem sehr schweren Unfall.

Ist eine Untersuchung durchzuführen, müssen die Untersuchungsstellen soweit wie praktisch möglich unmittelbar tätig werden, um zu gewährleisten, dass Beweise gesichert werden, um sich mit anderen Parteien mit begründetem Interesse zu koordinieren und um den für die Untersuchung federführenden Staat zu benennen.

3. Strategie und Beweissicherung

3.1 Die Untersuchungsstelle des für die Untersuchung federführenden Mitgliedstaates muss umgehend und in enger Zusammenarbeit mit den Untersuchungsstellen der anderen Staaten mit begründetem Interesse eine Strategie für den Umfang, die Ausrichtung und die zeitlichen Vorgaben der Untersuchung festlegen.

3.2 Die Untersuchungsstelle passt den Plan während der Untersuchung fortlaufend an. Soweit dies praktisch möglich ist, muss die Untersuchungsstelle am Ende der Beweissicherung gewährleisten, dass sämtliche Beweise, die den Unfall oder das Vorkommnis beeinflusst haben könnten, sichergestellt sind.

3.3 Der Umfang der Sicherheitsuntersuchung und das anzuwendende Verfahren sind so auszulegen, dass Ungewissheiten und Ungereimtheiten möglichst ausgeschlossen werden, so dass eine belastbare logische Einschätzung der Ursachen des Unfalls oder des Vorkommnisses auf See erfolgen kann.

3.4 Untersuchungsstellen von Mitgliedstaaten mit begründetem Interesse müssen den bei der Untersuchung federführenden Mitgliedstaat soweit praktisch möglich zeitnah unterstützen.

3.5 Die federführende Untersuchungsstelle benennt einen Untersuchungsbeauftragten für die Durchführung der Untersuchung, setzt geeignete Ressourcen ein und beginnt so bald wie möglich mit der Beweissicherung, da die Qualität der Beweise, insbesondere solcher, die sich auf die Zuverlässigkeit des menschlichen Erinnerungsvermögens stützen, schnell abnimmt, und da ein an einem Unfall oder Vorkommnis auf See beteiligtes Schiff nicht länger als unbedingt notwendig für die Beweissicherung festgehalten werden soll.

3.6 In der Anfangsphase jeder Untersuchung sichern die Untersuchungsbeauftragten so viele einschlägige Beweise wie möglich, die Aufschluss über den Hergang und die Ursachen des Vorkommnisses geben könnten, wobei der Umfang jeder Untersuchung zu berücksichtigen ist.

3.7 Zusätzlich zu den während der Erstmeldung eingegangenen Informationen müssen die Untersuchungsbeauftragten die notwendigen Hintergrund- und Referenzinformationen erlangen. Hierunter fallen beispielsweise die bei einem Überwachungssystem, bei einem Verkehrsüberwachungssystem, bei den für den Seeverkehr zuständigen Behörden, bei Rettungsdiensten, bei der Reederei und beim verunfallten Schiff erhobenen Nachweise oder Daten.

3.8 Gegebenenfalls fragt die Untersuchungsstelle Datenbanken ab, wie etwa die des Europäischen Informationsforums für Unfälle auf See oder andere Informationsquellen, um bei der Feststellung etwaiger Sicherheitsprobleme zu helfen, die für den zu untersuchenden Unfall oder das Vorkommnis auf See relevant sein könnten.

3.9 Grundsätzlich haben die Untersuchungsbeauftragten, wenn praktisch durchführbar, den Unfall bzw. die Unfallstelle in Augenschein zu nehmen, um unbeeinträchtigte Beweise zu erhalten und eine erste Einschätzung des Vorkommnisses vornehmen zu können. Sollte es nicht möglich sein, die Unfallstelle unverändert zu belassen, sind möglichst Vorkehrungen zu treffen, damit die Unfallstelle in geeigneter Weise dokumentiert wird, etwa durch Bilder, audio-visuelle Aufzeichnungen, Skizzen oder sonstige Mittel, die es ermöglichen, wichtige Beweise zu sichern und die Umstände zu einem späteren Zeitpunkt zu rekonstruieren.

3.10 Ist ein Schiffsdatenschreiber vorhanden, müssen sich die Untersuchungsbeauftragten nach Kräften bemühen, um die darauf aufgezeichneten Daten zu erhalten und zu sichern. Insbesondere müssen sie rechtzeitig tätig werden, um den VDR zu „sichern", damit die Daten nicht überschrieben werden. Ferner müssen sie sich nach Kräften bemühen, sämtliche einschlägigen Daten von sowohl bordseitigen als auch landseitigen elektronischen Quellen zu erhalten. Sie müssen sämtliche verfügbaren einschlägigen Dokumente, Verfahren und Aufzeichnungen in der von ihnen als angemessen erachteten Reihenfolge sichten.

3.11 Die von der federführenden Untersuchungsstelle als relevant erachteten Zeugen sind zu befragen. Die Untersuchungsbeauftragten legen fest, welche Zeugen sie zuerst befragen wollen und stellen einen entsprechenden Plan auf. Dieser Plan trägt beispielsweise der Ermüdung (sowohl des Zeugen als auch des Untersuchungsbeauftragten) sowie der

Fragilität von Zeugenaussagen und der Tatsache Rechnung, inwieweit eingeplante Zeugen weiter verfügbar sind.

Als Zeugen kommen beispielsweise folgende Personen in Frage:

- Personen, die direkt an dem Unfall oder dem Vorkommnis auf See und seinen Folgen beteiligt waren

- Augenzeugen des Unfalls oder Vorkommnisses auf See

- das für Notfallmaßnahmen zuständige Personal

- Personal der Reederei, Hafenbeamte, Konstrukteure, Wartungspersonal, technische Sachverständige

Falls es nicht möglich sein sollte, Zeugen direkt zu befragen, hat die federführende Untersuchungsstelle dafür zu sorgen, dass sie die Aussagen auf anderem Wege erhält.

Die Aussagen können telefonisch eingeholt werden oder es können andere geschulte Ermittler hinzugezogen werden, um Gespräche im Auftrag des bei der Untersuchung federführenden Staats zu führen. In letzterem Fall muss die Person, die das Gespräch führt, von der mit der Untersuchung beauftragten Person sorgfältig vorbereitet werden. Viele wichtige Zeugen müssen möglicherweise mehrfach befragt werden.

3.12 Die Informationen sind möglichst zu überprüfen. Aussagen verschiedener Zeugen können sich widersprechen, so dass möglicherweise weitere Aussagen zur Untermauerung benötigt werden. Um sicherzustellen, dass alle relevanten

Fakten aufgedeckt werden, sind die Fragen „Wer?", „Was?", „Wann?", „Wie?" und „Warum?" zu stellen.

3.13 Menschliche Faktoren sind ein wesentlicher Bestandteil der meisten Untersuchungen, weshalb Untersuchungsbeauftragte entsprechend geschult sein müssen. Der Erfolg der Sicherheitsuntersuchung menschlicher Faktoren hängt vor allem von der Art und der Qualität der gesammelten Informationen ab. Da keine zwei Ereignisse gleich sind, legt die Untersuchungsstelle Art und Qualität der zu erhebenden und zu überprüfenden Daten fest. Der Untersuchungsbeauftragte fragt grundsätzlich zunächst eine Fülle von Informationen ab und sortiert im Verlauf der weiteren Untersuchung überflüssige Angaben aus.

3.14 Bei Bedarf muss die Untersuchungsstelle auch physische Beweise sichern, um insbesondere wissenschaftliche Untersuchungen, Überprüfungen oder Tests an Land durchführen zu lassen. In diesen Fällen muss der Untersuchungsbeauftragte bedenken, dass mit der Zeit die vorhandenen Beweise verunreinigt werden könnten, weshalb das Beweismaterial so bald wie möglich entnommen werden muss. Vor ihrer Entnahme sind die Beweise möglichst an Ort und Stelle zu fotografieren. Die Beweise sind mit allen notwendigen Vorsichtsmaßnahmen zu entnehmen und aufzubewahren, um ihre Untersuchung nicht zu beeinträchtigen.

3.15 Sollten sie dies für ihre Untersuchung als notwendig erachten, müssen die Untersuchungsstellen möglicherweise spezielle Untersuchungen durchführen oder von entsprechenden Sachverständigen durchführen lassen, wie etwa technische Überprüfungen des Schiffs oder verschiedener Systeme oder Ausrüstungen an Bord.

3.16 Bei der Beweissicherung versuchen die Untersuchungsstellen festzustellen, welche Beweise möglicherweise fehlen.

4. Auswertung

4.1 Nach der Sicherung von Beweisen und entsprechender weiterer Daten wertet die Untersuchungsstelle des federführenden Mitgliedstaats, diese, gegebenenfalls in Zusammenarbeit mit anderen Staaten mit begründetem Interesse, aus, um die ursächlichen Faktoren und Begleitumstände festzustellen.

Hierzu berücksichtigen die Untersuchungsbeauftragten die unterschiedliche Wertigkeit der von ihnen gesicherten Beweise und prüfen, wie sie etwaige Ungereimtheiten oder Widersprüche am besten klären können.

4.2 Ein sorgfältiges Ermitteln der ursächlichen Faktoren erfordert eine zeitnahe und methodische Untersuchung, die über den unmittelbaren Augenschein hinausgeht und nach zugrunde liegenden Umständen forscht, die möglicherweise nicht am Ort des Unfalls oder Vorkommnisses zu finden sind und die in Zukunft zu weiteren Unfällen und Vorkommnissen auf See führen können. Sicherheitsuntersuchungen auf See sollten daher grundsätzlich nicht nur der Ermittlung der unmittelbaren Ursachen dienen, sondern auch möglicher Umstände, die im gesamten Betriebsablauf vorhanden sein können. Hierzu sollten die gesicherten Beweise gründlich und iterativ ausgewertet werden.

4.3 Kann eine Informationslücke nur durch logische Extrapolation und realistische Annahmen geschlossen werden, sind solche Extrapolationen und Annahmen in dem Bericht deutlich zu machen. Hilfreich kann es hierbei sein, sämtliche Optionen zu benennen, sie zu analysieren und daraus die wahrscheinlichsten Hypothesen abzuleiten.

5. Sicherheitsempfehlungen

5.1 Sicherheitsempfehlungen müssen sich auf die Auswertung stützen. Sie sind an die Organisationen oder Personen zu richten, die am besten in der Lage sind, Abhilfemaßnahmen zu ergreifen.

5.2 Sie können sich auf Sicherheitsuntersuchungen, auf Forschung und auf abstrakte Datenauswertungen stützen. Ihre Ausformulierung kann in Zusammenarbeit und in Rücksprache mit den Betroffenen erfolgen, da diese häufig am besten in der Lage sind, geeignete Sicherheitsmaßnahmen zu ermitteln und umzusetzen. Die endgültige Entscheidung über den Inhalt und die Adressaten von Sicherheitsempfehlungen liegt jedoch bei der federführenden Untersuchungsstelle.

5.3 Gilt ein ursächlicher Faktor oder ein Begleitumstand als so schwerwiegend, dass dringender Handlungsbedarf besteht, sind geeignete Maßnahmen zu ergreifen, zum Beispiel die Herausgabe einer vorläufigen Sicherheitsempfehlung.

5.4 Um, so weit wie möglich, die Akzeptanz und Umsetzung durch die Empfänger zu unterstützen, sollte die Sicherheitsempfehlung

- notwendig,

- wahrscheinlich wirksam,

- praktikabel,

- relevant,

- zielgerichtet,

- klar, präzise und direkt abgefasst und

- so formuliert sein, dass sie als Grundlage für Nachbesserungspläne dienen kann, indem auf bestehende Sicherheitslücken hingewiesen wird.

6. Berichte

6.1 Die Untersuchungsstelle des federführenden Mitgliedstaats erstellt in Absprache mit den anderen Staaten mit begründetem Interesse einen Berichtsentwurf. Dieser enthält eine klare, schlüssige und präzise Darstellung der Fakten und Analysen, die zu den Schlussfolgerungen und Empfehlungen geführt haben.

6.2 Soweit praktikabel wird der Berichtsentwurf oder entsprechende Teile dieses Entwurfs den Personen oder Organisationen vertraulich übermittelt, die hiervon betroffen sind. Die Untersuchungsstelle veröffentlicht den gegebenenfalls geänderten Abschlussbericht.

7. Folgemaßnahmen

Die Untersuchungsstellen bemühen sich festzustellen, welche Maßnahmen im Einzelnen als Reaktion auf Sicherheitsempfehlungen getroffen wurden.

Verordnung über die Sicherung der Seefahrt

SeeFSichV 1993

vom 27. Juli 1993 (BGBl. I S. 1417), zuletzt durch Artikel 1 der Verordnung vom 1. Dezember 2011 (BGBl. I S. 2367) geändert

Eingangsformel

Aufgrund des § 9 Abs. 1 Satz 1 Nr. 2 und 6 und Abs. 3 des Seeaufgabengesetzes in der Fassung der Bekanntmachung vom 21. Januar 1987 (BGBl. I S. 541) und des § 36 Abs. 3 des Gesetzes über Ordnungswidrigkeiten in der Fassung der Bekanntmachung vom 19. Februar 1987 (BGBl. I S. 602) verordnet das Bundesministerium für Verkehr im Einvernehmen mit dem Bundesministerium der Justiz:

§ 1 Anwendungsbereich

(1) Diese Verordnung gilt auf den Seeschifffahrtsstraßen und darüber hinaus für Seeschiffe einschließlich Traditionsschiffe und Sportfahrzeuge im Sinne der Schiffssicherheitsverordnung vom 18. September 1998 (BGBl. I S. 3013, 3023) in der jeweils geltenden Fassung, die berechtigt sind, die Bundesflagge zu führen.

(2) Diese Verordnung gilt nicht für Schiffe der Bundeswehr.

(3) Sonst für die Sicherheit Verantwortlicher im Sinne dieser Verordnung ist die Person, die mit Aufgaben der Sicherung der Seefahrt beauftragt ist, im Rahmen der ihr übertragenen Aufgaben und Befugnisse.

§ 2 Hilfeleistung in Seenotfällen

(1) Der Schiffsführer oder sonst für die Sicherheit Verantwortliche eines auf See befindlichen und zur Hilfeleistung fähigen Schiffes, dem gemeldet wird, dass sich Menschen in Seenot befinden, hat ihnen mit größter Geschwindigkeit zu Hilfe zu eilen und ihnen oder dem betreffenden Such- und Rettungsdienst nach Möglichkeit hiervon Kenntnis zu geben. Den Anordnungen der Stellen, die sich gegenüber dem Schiffsführer oder sonst für die Sicherheit Verantwortlichen als die mit der Koordinierung der Suche und Rettung in Seenotfällen nach Kapitel II der Anlage zum Internationalen Übereinkommen über den Such- und Rettungsdienst auf See vom 6. November 1979 (BGBl. 1982 II S. 485) beauftragten Organisationen zu erkennen geben, ist Folge zu leisten.

(2) Ist das Schiff, das die Seenotalarmierung erhält, zur Hilfeleistung außerstande oder hält sein Schiffsführer oder sonst für die Sicherheit Verantwortliche diese aufgrund besonderer Umstände für unzumutbar oder unnötig, so muss er unverzüglich den Grund für die Unterlassung der Hilfeleistung in das Schiffstagebuch eintragen und den betreffenden Such- und Rettungsdienst unterrichten.

(3) Der Schiffsführer oder sonst für die Sicherheit Verantwortliche eines in Seenot befindlichen Schiffes oder der zuständige Rettungsdienst ist, nachdem er sich möglichst mit

den Schiffsführern oder sonst für die Sicherheit Verantwortlichen der Schiffe beraten hat, die auf die Seenotalarmierung geantwortet haben, berechtigt, eines oder mehrere der Schiffe anzufordern, die der Schiffsführer oder sonst für die Sicherheit Verantwortliche des in Seenot befindlichen Schiffes oder der Such- und Rettungsdienste für eine Hilfeleistung am geeignetsten hält. Der Schiffsführer oder sonst für die Sicherheit Verantwortliche des angeforderten Schiffes ist oder die Schiffsführer oder sonst für die Sicherheit Verantwortlichen der angeforderten Schiffe sind verpflichtet, der Anforderung nachzukommen, indem sie weiterhin mit größter Geschwindigkeit den in Seenot befindlichen Personen zu Hilfe eilen.

(4) Schiffsführer oder sonst für die Sicherheit Verantwortliche sind vorbehaltlich des Absatzes 5 von der Verpflichtung nach Absatz 1 entbunden, sobald sie erfahren, dass ihre Schiffe nicht angefordert worden sind oder dass ein oder mehrere andere Schiffe angefordert worden sind und dieser Anforderung nachkommen. Die Nichtanforderung eines Schiffes muss nach Möglichkeit den anderen angeforderten Schiffen sowie dem Such- und Rettungsdienst mitgeteilt werden.

(5) Der Schiffsführer oder sonst für die Sicherheit Verantwortliche eines Schiffes ist erst von der Verpflichtung nach Absatz 1 sowie, wenn sein Schiff angefordert worden ist, von der Verpflichtung nach Absatz 3 entbunden, wenn ihm von den in Seenot befindlichen Personen, vom Such- und Rettungsdienst oder vom Schiffsführer eines anderen Schiffes, das diese Personen erreicht hat, mitgeteilt wird, dass eine Hilfeleistung nicht mehr erforderlich ist.

§ 3
(weggefallen)

§ 4
(weggefallen)

§ 5
(weggefallen)

§ 6 Besondere Vorschriften für das Verhalten nach Zusammenstößen

(1) Sind Schiffe zusammengestoßen, so haben die beteiligten Schiffsführer oder sonst für die Sicherheit Verantwortlichen allen von dem Zusammenstoß Betroffenen Beistand zu leisten, soweit sie dazu ohne erhebliche Gefahr für ihr Schiff und die darauf befindlichen Personen imstande sind.

(2) Die Schiffsführer oder sonst für die Sicherheit Verantwortlichen haben mit ihren Schiffen so lange beieinander zu bleiben, bis sie sich darüber Gewissheit verschafft haben, dass weiterer Beistand nicht mehr erforderlich ist. Setzen sie die Fahrt fort, so haben sie den anderen am Zusammenstoß beteiligten Fahrzeugen ihren Namen und Anschrift sowie Namen, Unterscheidungssignal, Heimat-, Abgangs- und Bestimmungshafen ihres Schiffes mitzuteilen. Kann ein Schiffsführer oder sonst für die Sicherheit Verantwortlicher der Verpflichtung nach Satz 1 nicht nachkommen, so hat er dies unter Angabe der Gründe in das Schiffstagebuch einzutragen, soweit er zur Führung eines solchen verpflichtet ist. Der Schiffsführer oder sonst für die Sicherheit Verantwortliche hat die Hafenverwaltung des

nächsten Anlaufhafens davon zu unterrichten, dass er seiner Verpflichtung nach Satz 1 nicht nachgekommen ist.

(3) Die Vorschriften der Absätze 1 und 2 gelten bei einem Zusammenstoß mit Schifffahrtseinrichtungen aller Art entsprechend.

§ 7 Meldung bestimmter für die Seesicherheit bedeutsamer Ereignisse

(1) Der Schiffsführer eines Schiffes, das die Bundesflagge führt, oder bei dessen Verhinderung ein anderes Besatzungsmitglied oder, sofern keine dieser Personen dazu in der Lage ist, der Betreiber des Schiffes hat der Bundesstelle für Seeunfalluntersuchung unverzüglich jedes das Schiff betreffende für die Seesicherheit bedeutsame Ereignis im Sinne des Absatzes 2 zu melden und möglichst folgende Angaben zu übermitteln:

1. Name und derzeitiger Aufenthalt des Meldenden,

2. Ort (geographische Position) und Zeit des Ereignisses,

3. Name, IMO-Schiffsidentifikationsnummer, Unterscheidungssignal und Flagge des Schiffes sowie Rufnummer des zu diesem Schiff gehörenden mobilen Seefunkdienstes (MMSI),

4. Typ, Verwendungszweck, Länge und Tiefgang des Schiffes,

5. Name des Betreibers des Schiffes,

6. Name des verantwortlichen Schiffsführers,

7. letzter Auslauf- und nächster Anlaufhafen des Schiffes,

8. Anzahl der Besatzungsmitglieder und weiteren Personen an Bord,

9. Umfang des Personen- und Sachschadens,

10. Angaben über beförderte Güter,

11. Darstellung des Verlaufs des Ereignisses,

12. Angaben über andere Schiffe, die am Ereignis beteiligt sind,

13. Wetterbedingungen,

14. Darstellung der Gefahr einer Meeresverschmutzung.

(2) Meldepflichtig ist:

1. jedes Ereignis, das wenigstens eine der nachstehenden Folgen hat:

a) den Tod oder die schwere Verletzung eines Menschen, verursacht durch oder im Zusammenhang mit dem Betrieb eines Schiffes,

b) das Verschwinden eines Menschen von Bord eines Schiffes, verursacht durch oder im Zusammenhang mit dem Betrieb eines Schiffes,

c) den Verlust, vermutlichen Verlust oder die Aufgabe eines Schiffes,

d) einen Sachschaden an einem Schiff,

e) das Aufgrundlaufen oder den Schiffbruch eines Schiffes oder die Beteiligung eines Schiffes an einem Zusammenstoß,

f) einen durch oder im Zusammenhang mit dem Betrieb eines Schiffes verursachten Sachschaden,

g) einen Umweltschaden als Folge einer durch oder im Zusammenhang mit dem Betrieb eines oder mehrerer Schiffe verursachten Beschädigung eines oder mehrerer Schiffe;

2. jedes durch oder im Zusammenhang mit dem Betrieb eines Schiffes verursachte Ereignis, durch das ein Schiff oder ein Mensch in Gefahr gerät, oder als dessen Folge ein schwerer Schaden an einem Schiff einem meerestechnischen Bauwerk oder der Umwelt verursacht werden könnte.

(2a) Der Schiffsführer eines Schiffes, das die deutschen Seeschifffahrtsstraßen befährt, meldet unbeschadet der Absätze 1 und 2 der jeweils zuständigen Verkehrszentrale beim Auftreten eines Ereignisses im Sinne des Absatzes 2 unverzüglich folgende Angaben:

1. Identifikation des Schiffes (Name, Unterscheidungssignal, IMO-Schiffsidentifikationsnummer),

2. Position des Schiffes,

3. Gesamtzahl der an Bord befindlichen Personen,

4. letzter Auslauf- und nächster Anlaufhafen des Schiffes,

5. Name und Kommunikationsverbindung, unter der detaillierte Informationen über die Ladung des Schiffes erhältlich sind,

6. Einzelheiten des Ereignisses.

Die Angaben nach Satz 1 sind auch dann zu melden, wenn auf See treibende Container, Stückgüter oder Schlämme von umweltschädlichen Stoffen beobachtet werden.

(3) Unabhängig von Absatz 1 haben auch die Berufsgenossenschaft für Verkehr und Transportwirtschaft, eine vom oder für den Schiffseigner herangezogene Klassifikationsgesellschaft und die Lotsen des betroffenen Schiffes eine Meldepflicht an die Bundesstelle für Seeunfalluntersuchung für die in Absatz 2 genannten Ereignisse.

(4) Die Schifffahrtspolizeibehörden des Bundes unterrichten die Bundesstelle für Seeunfalluntersuchung unverzüglich über jedes Ereignis im Sinne des Absatzes 2, das Gegenstand ihrer Tätigkeit im Rahmen der Abwehr oder Bekämpfung von Gefahren im Sinne des Seeaufgabengesetzes ist.

(5) Zur Vervollständigung der Meldung ist der Betreiber des Schiffes auf Verlangen der Bundesstelle für Seeunfalluntersuchung verpflichtet, auf zugesandtem Formblatt einen ausführlichen Bericht vorzulegen.

§ 7a Vorschriften für das Verhalten nach meldepflichtigen Ereignissen

Der nach § 7 Absatz 2 und 2a zur Meldung eines Ereignisses verpflichtete Schiffsführer hat zum Zweck einer ordnungsgemäßen Seesicherheitsuntersuchung dafür Sorge zu tragen, dass

1. sämtliche Daten von Seekarten, Schiffstagebüchern, elektronischen und magnetischen Aufzeichnungen sowie Videobändern, einschließlich der Daten des Schiffsdatenschreibers und sonstiger elektronischer Geräte über den Zeitraum vor, während und nach dem Seeunfall gesichert und diese Geräte vor Störungen geschützt werden,

2. das Überschreiben oder sonstiges Verändern der in Nummer 1 bezeichneten Daten verhindert wird,

3. andere Geräte, die berechtigterweise für die Sicherheitsuntersuchung des Seeunfalls als wesentlich gelten, vor Störungen geschützt werden,

4. alle Beweise für die Sicherheitsuntersuchungen des Seeunfalls unverzüglich eingeholt und gesichert werden.

§ 8 Schiffswegeführung - Schiffsmeldesysteme

(1) Der Schiffsführer oder sonst für die Sicherheit Verantwortliche hat die Vorschriften für von der Internationalen Seeschifffahrts-Organisation (IMO) angenommene Systeme der Schiffswegeführung, die für die Art oder Ladung seines Schiffes als verbindlich vorgeschrieben sind, anzuwenden. Dies gilt nicht, wenn aus zwingenden Gründen ein bestimmtes System der Schiffswegeführung nicht benutzt werden kann. Derartige Gründe sind unverzüglich in das Schiffstagebuch einzutragen.

(2) Der Schiffsführer oder sonst für die Sicherheit Verantwortliche hat die Vorschriften für von der IMO angenommene Schiffsmeldesysteme, die für die Art oder Ladung seines Schiffes als verbindlich vorgeschrieben sind, einzuhalten und der zuständigen Behörde auf Anforderung alle entsprechend dem jeweiligen Schiffsmeldesystem vorgeschriebenen Angaben unverzüglich zu melden.

(3) Das Bundesministerium für Verkehr, Bau und Stadtentwicklung macht die in Absatz 1 genannten Systeme der Schiffswegeführung und die in Absatz 2 genannten Schiffsmeldesysteme in den Nachrichten für Seefahrer (Amtliche Veröffentlichung für die Schifffahrt des Bundesamtes für Seeschifffahrt und Hydrographie) nachrichtlich bekannt.

§ 8a Befahren des Panamakanals

Der Betreiber eines Seeschiffes unter Bundesflagge, das den Panamakanal befahren will, hat sicherzustellen, dass

1. spätestens nach dem Einlaufen in den ersten Hafen des Kanals die Regeln für das Befahren des Panamakanals in der jeweils geltenden Fassung sich an Bord befinden und mitgeführt werden und

2. die für die Durchfahrt allgemein anerkannten Regeln der Technik und der seemännischen Praxis eingehalten werden.

§ 9 Entscheidungsfreiheit des Schiffsführers im Interesse einer sicheren Schiffsführung

Der Schiffsführer darf nicht durch den Reeder, den Charterer oder irgendeine andere Person daran gehindert werden, eine Entscheidung zu treffen, die nach dem fachlichen Urteil des Schiffsführers für eine sichere Schiffsführung erforderlich ist, insbesondere bei schwerem Wetter und grober See.

§ 10 Ordnungswidrigkeiten

(1) Ordnungswidrig im Sinne des § 15 Abs. 1 Nr. 2 des Seeaufgabengesetzes handelt, wer vorsätzlich oder fahrlässig entgegen

1. § 2 Abs. 1 Satz 2 oder Abs. 3 Satz 2 einer dort genannten Anordnung nicht Folge leistet oder einer dort genannten Anforderung nicht oder nicht in der vorgeschriebenen Weise nachkommt,

2. § 2 Abs. 2 eine Eintragung nicht, nicht richtig, nicht vollständig oder nicht rechtzeitig macht oder den Such- und

Rettungsdienst nicht, nicht richtig, nicht vollständig oder nicht rechtzeitig unterrichtet,

3. § 6 Abs. 1, auch in Verbindung mit Abs. 3, einem von dem Zusammenstoß Betroffener nicht Beistand leistet,

4. § 6 Abs. 2, auch in Verbindung mit Abs. 3, nach einem Unfall sich nicht in der vorgeschriebenen Weise verhält, die erforderlichen Angaben in das Schiffstagebuch nicht einträgt oder die Hafenverwaltung nicht unterrichtet,

5. § 7 Absatz 1 oder § 7 Absatz 2a Satz 1, auch in Verbindung mit Satz 2 eine Meldung nicht, nicht richtig oder nicht rechtzeitig macht,

6. § 8 Abs. 1 Satz 1 oder 3 eine dort genannte Vorschrift nicht anwendet oder eine Eintragung nicht, nicht richtig, nicht vollständig oder nicht rechtzeitig vornimmt oder

7. § 8 Abs. 2 eine dort genannte Vorschrift nicht einhält oder eine Meldung nicht, nicht richtig, nicht vollständig oder nicht rechtzeitig macht.

(1a) Ordnungswidrig im Sinne des § 53 Absatz 1 Nummer 1 des Seesicherheits-Untersuchungs-Gesetzes handelt, wer vorsätzlich oder fahrlässig entgegen § 7a nicht dafür Sorge trägt, dass die dort genannten Daten gesichert, ihr Überschreiben oder sonstiges Verändern verhindert, Geräte geschützt oder Beweise eingeholt oder gesichert werden.

(2) Die Zuständigkeit für die Verfolgung und Ahndung von Ordnungswidrigkeiten nach den Absätzen 1 und 1a wird auf die Wasser- und Schifffahrtsdirektionen übertragen.

§ 11 Inkrafttreten

Diese Verordnung tritt am Tage nach der Verkündung in Kraft.

Anlage 1 (weggefallen)
Anlage 2 (weggefallen)

RICHTLINIE 2009/18/EG DES EUROPÄISCHEN PARLAMENTS UND DES RATES

vom 23. April 2009

zur Festlegung der Grundsätze für die Untersuchung von Unfällen im Seeverkehr und zur Änderung der Richtlinie 1999/35/EG des Rates und der Richtlinie 2002/59/EG des Europäischen Parlaments und des Rates

(Text von Bedeutung für den EWR)

DAS EUROPÄISCHE PARLAMENT UND DER RAT DER EUROPÄISCHEN UNION

gestützt auf den Vertrag zur Gründung der Europäischen Gemeinschaft, insbesondere auf Artikel 80 Absatz 2,

auf Vorschlag der Kommission, nach Stellungnahme des Europäischen Wirtschafts- und Sozialausschusses[11], nach Stellungnahme des Ausschusses der Regionen[12], gemäß dem Verfahren des Artikels 251 des Vertrags, aufgrund des

---

[11] ABl. C 318 vom 23.12.2006, 195.

[12] ABl. C 229 vom 22.9.2006, S.38

vom Vermittlungsausschuss am 3. Februar 2009 gebilligten Entwurfs[13], in Erwägung nachstehender Gründe:

(1) Im Seeverkehr in Europa sollte ein hohes allgemeines Sicherheitsniveau aufrechterhalten werden, und es sollten alle Anstrengungen unternommen werden, um die Zahl der Unfälle und Vorkommnisse auf See zu verringern.

(2) Die schnelle Durchführung technischer Untersuchungen von Unfällen auf See verbessert die Sicherheit auf See, da sie dazu beiträgt, eine Wiederholung solcher Unfälle zu vermeiden, die Todesopfer, Schiffsverlust und Meeresverschmutzung zur Folge haben können.

(3) Das Europäische Parlament hat die Kommission in seiner Entschließung vom 21. April 2004 zur Verbesserung der Sicherheit des Seeverkehrs[14] nachdrücklich aufgefordert, einen Vorschlag für eine Richtlinie über die Untersuchung von Unfällen auf See vorzulegen.

(4) Artikel 2 des Seerechtsübereinkommens der Vereinten Nationen vom 10. Dezember 1982 (nachstehend „SRÜ" ge-

---

[13] Stellungnahme des Europäischen Parlaments vom 25. April 2007 (ABl. C74 E vom 30.3.2008, S. 546), Gemeinsamer Standpunkt des Rates vom 6. Juni 2008 (ABl. C 184 E vom 22.7.2008, S.23). Standpunkt des Europäischen Parlaments vom 24. September 2008 (noch nicht im Amtsblatt veröffentlicht), Beschluss des Rates vom 26. Februar 2009 und Legislative Entschließung des Europäischen Parlaments vom 11. März 2009 (noch nicht im Amtsblatt veröffentlicht),

[14] ABl. C 104 E vom 30.4.2004, S. 730.

nannt) berechtigt Küstenstaaten, die Ursachen von Unfällen auf See zu untersuchen, die sich in ihren Hoheitsgewässern ereignen und eine Gefahr für Leben oder Umwelt darstellen, bei denen die Such- und Rettungsdienste des Küstenstaats eingreifen oder die den Küstenstaat in sonstiger Weise betreffen.

(5) Nach Artikel 94 des SRÜ haben Flaggenstaaten eine Untersuchung bestimmter Unfälle oder Vorkommnisse auf hoher See von oder vor einer oder mehreren entsprechend befähigten Personen durchzuführen.

(6) Die Regel I/21 des Internationalen Übereinkommens zum Schutz des menschlichen Lebens auf See vom 1. November 1974 (nachstehend „SOLAS 74" genannt), das Internationale Freibordübereinkommen vom 5. April 1966 und das Internationale Übereinkommen zur Verhütung der Meeresverschmutzung durch Schiffe vom 2. November 1973 verpflichten die Flaggenstaaten zur Durchführung von Unfalluntersuchungen und zur Weiterleitung einschlägiger Erkenntnisse an die Internationale Seeschifffahrtsorganisation (IMO).

(7) Der Code für die Durchführung obligatorischer IMO-Instrumente im Anhang der Entschließung A.996(25) der IMO-Vollversammlung vom 29. November 2007 weist die Flaggenstaaten auf ihre Verpflichtung hin zu gewährleisten, dass Sicherheitsuntersuchungen im Seeverkehr durch

entsprechend qualifizierte Ermittler durchgeführt werden, die in Angelegenheiten, die im Zusammenhang mit Unfällen und Vorkommnissen auf See stehen, kompetent sind. Dieser Code fordert ferner von den Flaggenstaaten, zur Bereitstellung von für diesen Zweck qualifizierten Ermittlern bereit zu sein, unabhängig davon, wo sich der Unfall oder das Vorkommnis ereignet.

(8) Berücksichtigt werden sollte der Code für die Untersuchung von Unfällen und Vorkommnissen auf See im Anhang der Entschließung A.849(20) der IMO-Vollversammlung vom 27. November 1997 (nachstehend „IMO-Code für die Untersuchung von Unfällen und Vorkommnissen auf See" genannt), der die Umsetzung eines gemeinsamen Ansatzes zur Untersuchung von Unfällen und Vorkommnissen auf See sowie die Zusammenarbeit zwischen Staaten bei der Ermittlung der für solche Unfälle und Vorkommnisse ursächlichen Faktoren vorsieht.

Berücksichtigt werden sollten auch die Entschließung A.861(20) der IMO-Vollversammlung vom 27. November 1997 und die Entschließung MSC.163(78) des IMO-Schiffssicherheitsausschusses vom 17. Mai 2004, die eine Begriffsbestimmung des Schiffsdatenschreibers enthalten.

(9) Seeleute werden als besondere Kategorie von Arbeitnehmern anerkannt und benötigen im Hinblick auf den globalen Charakter des Schifffahrtssektors sowie die verschie-

denen Rechtsordnungen, mit denen sie in Berührung ge-
bracht werden, besonderen Schutz, insbesondere im Bezug
auf Kontakte mit Behörden. Im Interesse der zu nehmenden
Sicherheit auf See sollten sich Seeleute auf faire Behandlung bei einem Seeunfall verlassen können. Ihre Menschen-
rechte und ihre Menschenwürde sollten zu allen Zeiten ge-
wahrt und alle Sicherheitsuntersuchungen zügig und in ge-
rechter Weise durchgeführt werden. Hierzu sollten die Mitgliedstaaten gemäß ihren einzelstaatlichen Rechtsvorschriften weiterhin die einschlägigen Bestimmungen der IMO-
Leitlinien über die faire Behandlung von Seeleuten bei einem Seeunfall berücksichtigen.

(10) Die Mitgliedstaaten sollten im Rahmen ihrer jeweiligen Rechtsordnung Zeugenaussagen nach einem Unfall
schützen und ihre Verwendung zu anderen Zwecken als Sicherheitsuntersuchungen verhindern, um Diskriminierungs-
und Vergeltungsmaßnahmen gegen Zeugen aufgrund ihrer
Teilnahme an der Sicherheitsuntersuchung zu vermeiden.

(11) Die Richtlinie 1999/35/EG des Rates vom 29. April
1999 über ein System verbindlicher Überprüfungen im
Hinblick auf den sicheren Betrieb von Ro-Ro-Fahrgastschiffen und Fahrgast-Hochgeschwindigkeits-fahrzeugen
im Linienverkehr[15] verpflichtet die Mitgliedstaaten, im
Rahmen ihrer jeweiligen Rechtsordnung einen Rechtsstatus
festzulegen, damit sie und jeder andere Mitgliedstaat, der

---

[15] ABl. L 138 vom 1.6.1999, S. 1.

hieran ein begründetes Interesse hat, an der Untersuchung eines Unfalls oder Vorkommnisses auf See, wenn hieran ein Ro-Ro-Fahrgastschiff oder Fahrgast-Hochgeschwindigkeitsfahrzeug beteiligt war, teilnehmen oder mitarbeiten oder, sofern dies im Rahmen des IMO-Codes für die Untersuchung von Unfällen und Vorkommnissen auf See vorgesehen ist, diese leiten können.

(12) Die Richtlinie 2002/59/EG des Europäischen Parlaments und des Rates vom 27. Juni 2002 über die Einrichtung eines gemeinschaftlichen Überwachungs- und Informationssystems für den Schiffsverkehr[16] verpflichtet die Mitgliedstaaten, den IMO-Code für die Untersuchung von Unfällen und Vorkommnissen auf See einzuhalten und zu gewährleisten, dass die Ergebnisse der Untersuchungen so bald wie möglich nach deren Abschluss veröffentlicht werden.

(13) Bei der Durchführung von Sicherheitsuntersuchungen von Unfällen und Vorkommnissen mit Hochseefahrzeugen oder anderen Wasserfahrzeugen in Häfen oder anderen eingeschränkten Seeverkehrsgebieten ist es von entscheidender Bedeutung, unvoreingenommen vorzugehen, damit die Umstände und Ursachen des Unfalls oder Vorkommnisses tatsächlich festgestellt werden können. Diese Untersuchungen sollten daher von qualifizierten Ermittlern unter der Kontrolle einer unabhängigen Stelle oder Einrichtung

---

[16] ABl. L 208 vom 5.8.2002, S. 10.

durchgeführt werden, die mit den notwendigen Befugnissen ausgestattet ist, damit Interessenkonflikte vermieden werden.

(14) Die Mitgliedstaaten sollten gemäß ihren Rechtsvorschriften über die Befugnisse der für die gerichtliche Untersuchung zuständigen Behörden und gegebenenfalls in Zusammenarbeit mit diesen Behörden dafür Sorge tragen, dass die für die technischen Untersuchungen verantwortlichen Personen ihre Aufgaben unter den bestmöglichen Bedingungen ausüben können.

(15) Diese Richtlinie sollte die Richtlinie 95/46/EG des Europäischen Parlaments und des Rates vom 24. Oktober 1995 zum Schutz natürlicher Personen bei der Verarbeitung personenbezogener Daten und zum freien Datenverkehr[17] unberührt lassen.

(16) Die Mitgliedstaaten sollten sicherstellen, dass sie oder je der andere Staat, der ein begründetes Interesse hieran hat, im Rahmen ihrer jeweiligen Rechtsordnung an der Untersuchung eines Unfalls aufgrund der Bestimmungen des IMO-Codes für die Untersuchung von Unfällen und Vorkommnissen auf See teilnehmen oder mitarbeiten oder diese leiten können.

---

[17] ABl. L 281 vom 23.11.1995, S. 1.

(17) Prinzipiell unterliegen alle Unfälle oder Vorkommnisse auf See lediglich einer Untersuchung, die durch einen Mitgliedstaat durchgeführt wird, oder einen für die Untersuchungen federführenden Mitgliedstaat unter Mitwirkung anderer Staaten mit wesentlichem Interesse. In begründeten Ausnahmefällen, in denen in Verbindung mit der Flagge des betroffenen Schiffes, dem Unfallort oder der Nationalität der Opfer zwei oder mehr Mitgliedstaaten betroffen sind, können parallele Untersuchungen durchgeführt werden.

(18) Ein Mitgliedstaat kann im gegenseitigen Einvernehmen einem anderen Mitgliedstaat die Leitung einer Sicherheitsuntersuchung eines Unfalls oder Vorkommnisses auf See (nachstehend „Sicherheitsuntersuchung" genannt) oder die Durchführung spezifischer, mit solch einer Untersuchung verbundener Aufgaben übertragen.

(19) Die Mitgliedstaaten sollten sich nach Kräften bemühen, keine Gebühren für die Unterstützung zu erheben, um die im Rahmen von Sicherheitsuntersuchungen, an denen zwei oder mehr Mitgliedstaaten beteiligt sind, ersucht wird. Wird ein Mitgliedstaat, der nicht an der Sicherheitsuntersuchung beteiligt ist, um Unterstützung ersucht, so treffen die Mitgliedstaaten eine Vereinbarung über die Erstattung der anfallenden Kosten.

(20) Nach der Regel V/20 des SOLAS 74 müssen Fahrgastschiffe und andere Schiffe als Fahrgastschiffe mit 3000 BRZ und darüber, die am oder nach dem 1. Juli 2002 gebaut wurden, Schiffsdatenschreiber zur Unterstützung bei der Unfalluntersuchung mitführen. In Anbetracht ihrer Bedeutung für die Entwicklung einer Politik zur Verhütung von Seeunfällen sollte das Mitführen dieser Ausrüstungen an Bord von Schiffen, die sich auf Inlands- oder Auslandsfahrt befinden und Häfen der Gemeinschaft anlaufen, systematisch vorgeschrieben sein.

(21) Die von einem Schiffsdatenschreiber sowie von anderen elektronischen Geräten gelieferten Daten können sowohl nachträglich nach einem Unfall oder Vorkommnis auf See zur Ermittlung der Ursachen als auch vorbeugend zur Sammlung von Erfahrungen über die Umstände, die zu solchen Ereignissen führen, genutzt werden. Die Mitgliedstaaten sollten sicherstellen, dass solche Daten - sofern vorhanden - ordnungsgemäß für beide Zwecke genutzt werden.

(22) Gemäß der Verordnung (EG) Nr. 1406/2002 des Europäischen Parlaments und des Rates[18] muss die Europäische Agentur für die Sicherheit des Seeverkehrs (nachstehend die „Agentur" genannt) mit den Mitgliedstaaten zusammenarbeiten, um im Zusammenhang mit der Anwendung von Gemeinschaftsvorschriften technische Lösungen zu entwickeln und technische Unterstützung zu leisten. Im Be-

---

[18] ABl. L 208 vom 5.8.2002, S.1.

reich der Untersuchung von Unfällen auf See hat die Agentur insbesondere die Aufgabe, die Zusammenarbeit zwischen den Mitgliedstaaten und der Kommission bei der Entwicklung einer gemeinsamen Methodik zur Untersuchung von Unfällen auf See nach vereinbarten internationalen Grundsätzen zu fördern, wobei die unterschiedlichen Rechtssysteme der Mitgliedstaaten gebührend zu berücksichtigen sind.

(23) Gemäß der Verordnung (EG) Nr. 1406/2002 erleichtert die Agentur die Zusammenarbeit der Mitgliedstaaten durch die Unterstützung bei der Untersuchung und durch die Analyse bereits vorliegender Untersuchungsberichte über Unfälle.

(24) Bei Sicherheitsuntersuchungen gewonnene relevante Erkenntnisse sollten bei der Entwicklung oder Überarbeitung einer gemeinsamen Methodik zur Untersuchung von Unfällen und Vorkommnissen auf See berücksichtigt werden.

(25) Die Mitgliedstaaten und die Gemeinschaft sollten den Sicherheitsempfehlungen, die aus einer Sicherheitsuntersuchung abgeleitet werden, angemessen Rechnung tragen.

(26) Da das Ziel der technischen Sicherheitsuntersuchungen die Verhütung von Unfällen und Vorkommnissen auf See ist, sollten die Schlussfolgerungen und Sicherheitsemp-

fehlungen unter keinen Umständen die Haftung ermitteln oder Schuld zuweisen.

(27) Da die Ziele dieser Richtlinie, nämlich die Verbesserung der Seeverkehrssicherheit in der Gemeinschaft und somit die Verringerung der Gefahr künftiger Seeunfälle, auf Ebene der Mitgliedstaaten nicht ausreichend verwirklicht werden können und daher in Anbetracht des Umfangs oder der Wirkungen der Maßnahme besser auf Gemeinschaftsebene zu verwirklichen sind, kann die Gemeinschaft im Einklang mit dem in Artikel 5 des Vertrags niedergelegten Subsidiaritätsprinzip tätig werden. Entsprechend dem in jenem Artikel genannten Grundsatz der Verhältnismäßigkeit geht diese Richtlinie nicht über das für die Erreichung dieses Ziels erforderliche Maß hinaus.

(28) Die zur Durchführung dieser Richtlinie erforderlichen Maßnahmen sollten gemäß dem Beschluss 1999/468/EG des Rates vom 28. Juni 1999 zur Festlegung der Modalitäten für die Ausübung der der Kommission übertragenen Durchführungsbefugnisse[19] erlassen werden.

(29) Insbesondere sollte die Kommission die Befugnis erhalten, diese Richtlinie zu ändern, um relevante spätere Änderungen von internationalen Übereinkommen, Protokollen, Codes und Entschließungen umzusetzen und die gemeinsame Methodik zur Untersuchung von Unfällen und

---

[19] ABl. L 184 vom 17.7.1999, S.23.

Vorkommnissen auf See anzunehmen und zu ändern. Da es sich hierbei um Maßnahmen von allgemeiner Tragweite handelt, die eine Änderung nicht wesentlicher Bestimmungen dieser Richtlinie, auch durch Ergänzung um neue nicht wesentliche Bestimmungen bewirken, sind diese Maßnahmen nach dem Regelungsverfahren mit Kontrolle des Artikels 5a des Beschlusses 1999/468/EG zu erlassen.

(30) Gemäß Nummer 34 der Interinstitutionellen Vereinbarung „Bessere Rechtsetzung"[20] sind die Mitgliedstaaten aufgefordert, für ihre eigenen Zwecke und im Interesse der Gemeinschaft Tabellen aufzustellen, aus denen im Rahmen des Möglichen die Entsprechungen zwischen dieser Richtlinie und den Umsetzungsmaßnahmen zu entnehmen sind, und diese zu veröffentlichen -

HABEN FOLGENDE RICHTLINIE ERLASSEN:

Artikel 1
Gegenstand

(1) Ziel dieser Richtlinie ist die Verbesserung der Seeverkehrssicherheit und die Vorbeugung von Verschmutzungen durch Schiffe und dadurch gleichzeitig die Verringerung der Gefahr zukünftiger Unfälle auf See durch

---

[20] ABl. C 321 vom 31.12.2003, S.1.

a) die Erleichterung einer schnellen Sicherheitsuntersuchung und ordnungsgemäßen Analyse von Unfällen und Vorkommnissen auf See zur Ermittlung ihrer Ursachen sowie

b) die Gewährleistung einer rechtzeitigen und genauen Berichterstattung über die Sicherheitsuntersuchungen und von Vorschlägen für Abhilfemaßnahmen.

(2) Die Untersuchungen im Rahmen dieser Richtlinie dienen nicht dazu, die Haftung zu ermitteln oder Schuld zuzuweisen. Die Mitgliedstaaten müssen jedoch gewährleisten, dass die Untersuchungsstelle oder Untersuchungseinrichtung (nachstehend „Untersuchungsstelle" genannt) nicht deshalb unvollständig über den Unfall oder das Vorkommnis auf See Bericht erstattet, weil aus ihren Ergebnissen eine Schuld oder Haftung abgeleitet werden könnte.

Artikel 2
Anwendungsbereich

(1) Diese Richtlinie gilt für Unfälle und Vorkommnisse auf See,

a) an denen Schiffe beteiligt sind, die unter der Flagge eines Mitgliedstaats fahren, oder

b) die sich im Küstenmeer und den inneren Gewässern der Mitgliedstaaten im Sinne des SRÜ ereignen oder

c) die sonstige begründete Interessen der Mitgliedstaaten berühren.

(2) Diese Richtlinie gilt nicht für Unfälle und Vorkommnisse auf See mit ausschließlicher Beteiligung von

a) Kriegsschiffen, Truppentransportschiffen oder sonstigen einem Mitgliedstaat gehörenden oder von ihm betriebenen Schiffen, die im Staatsdienst stehen und ausschließlich anderen Zwecken als Handelszwecken dienen,

b) Schiffen ohne Maschinenantrieb, Holzschiffen einfacher Bauart, nicht für den Handel eingesetzten Sportbooten oder Sportfahrzeugen, sofern sie nicht über eine Besatzung verfügen oder verfügen werden und zu kommerziellen Zwecken mehr als 12 Fahrgäste befördern,

c) im Binnenschiffsverkehr betriebenen Fahrzeugen der Binnenschifffahrt,

d) Fischereifahrzeugen mit einer Länge von weniger als 15 Metern oder

e) fest installierten Offshore-Bohreinheiten.

Artikel 3
Begriffsbestimmungen

Für die Zwecke dieser Richtlinie gelten folgende Begriffsbestimmungen:

1. „IMO-Code für die Untersuchung von Unfällen und Vorkommnissen auf See" bezeichnet den Code für die Untersuchung von Unfällen und Vorkommnissen auf See im Anhang der Entschließung A.849(20) der IMO-Vollversammlung vom 27. November 1997, in seiner aktualisierten Fassung.

2. Die nachstehenden Begriffe sind gemäß den Begriffsbestimmungen des IMO-Codes für die Untersuchung von Unfällen und Vorkommnissen auf See zu verstehen:

a) „Unfall auf See",

b) „sehr schwerer Unfall",

c) „Vorkommnis auf See",

d) „Sicherheitsuntersuchung von Unfällen
    oder Vorkommnissen auf See",

e) „für die Untersuchungen federführender Staat",

f) „Staat mit begründetem Interesse".

3. Der Begriff „schwerer Unfall" ist gemäß der aktualisierten Begriffsbestimmung in dem Rundschreiben MSC-MEPC.3/Circ.3 des Schiffssicherheitsausschusses und des Ausschusses für den Schutz der Meeresumwelt der IMO vom 18. Dezember 2008 zu verstehen.

4. Die „IMO-Leitlinien über die faire Behandlung von Seeleuten bei einem Seeunfall" bezeichnen die Leitlinien im Anhang der Entschließung LEG.3(91) des IMO-Rechtsausschusses vom 27. April 2006, wie sie vom Verwaltungsrat der Internationalen Arbeitsorganisation auf dessen 296. Sitzung vom 12.-16. Juni 2006 gebilligt wurden.

5. Die Begriffe „Ro-Ro-Fahrgastschiff" und „Fahrgast-Hochgeschwindigkeitsfahrzeug" sind gemäß den Begriffsbestimmungen des Artikels 2 der Richtlinie 1999/35/EG zu verstehen.

6. Der Begriff „Schiffsdatenschreiber" (nachstehend „VDR" genannt) ist gemäß der Begriffsbestimmung in der Entschließung A.861(20) der IMO-Vollversammlung und der Entschließung MSC.163(78) des Schiffssicherheitsausschusses der IMO zu verstehen.

7. „Sicherheitsempfehlung" bezeichnet jeden Vorschlag, auch im Bereich der Registrierung und der Kontrolle,

a) der Untersuchungsstelle des Staates, die die Sicherheitsuntersuchung durchführt oder leitet, auf der Grundlage von Informationen, die sich aus dieser Untersuchung ergeben, oder, gegebenenfalls,

b) der Kommission, die auf der Grundlage einer Analyse abstrakter Daten sowie der Ergebnisse durchgeführter Sicherheitsuntersuchungen vorgeht.

Artikel 4
Status der Sicherheitsuntersuchungen

(1) Die Mitgliedstaaten definieren gemäß ihrer Rechtsordnung den Rechtsstatus der Sicherheitsuntersuchung dergestalt, dass diese Untersuchungen so wirksam und so schnell wie möglich durchgeführt werden können.

Die Mitgliedstaaten gewährleisten gemäß ihren Rechtsvorschriften und gegebenenfalls in Zusammenarbeit mit den für die gerichtliche Untersuchung zuständigen Behörden, dass Sicherheitsuntersuchungen

a) unabhängig von strafrechtlichen oder sonstigen gleichzeitig stattfindenden Untersuchungen durchgeführt werden, mit denen die Haftung ermittelt oder Schuld zugewiesen werden soll, und

b) durch solche Untersuchungen nicht in unangemessener Weise verhindert, ausgesetzt oder verzögert werden.

(2) Die von den Mitgliedstaaten festzulegenden Vorschriften beziehen gemäß dem in Artikel 10 genannten Rahmen für die ständige Zusammenarbeit Regelungen ein, die Folgendes zulassen:

a) die Zusammenarbeit und gegenseitige Unterstützung bei Sicherheitsuntersuchungen, die von anderen Mitgliedstaaten durchgeführt werden, oder die Übertragung der Leitung einer solchen Sicherheitsuntersuchung an einen anderen Mitgliedstaat im Einklang mit Artikel 7 und

b) die Koordinierung der Tätigkeiten ihrer jeweiligen Untersuchungsstellen in dem Maße, wie es für das Erreichen der Ziele dieser Richtlinie erforderlich ist.

Artikel 5
Verpflichtung zur Durchführung einer Untersuchung

(1) Jeder Mitgliedstaat stellt sicher, dass die Untersuchungsstelle gemäß Artikel 8 nach sehr schweren Unfällen auf See eine Sicherheitsuntersuchung durchführt, wenn

a) ein Schiff beteiligt ist, das unter seiner Flagge fährt, unabhängig vom Ort des Unfalls, oder

b) der Unfall in seinem Küstenmeer oder in seinen inneren Gewässern gemäß Definition des SRÜ stattgefunden hat, unabhängig von der Flagge, die das am Unfall beteiligte Schiff führt bzw. die beteiligten Schiffe führen, oder

c) ein begründetes Interesse dieses Mitgliedstaats gegeben ist, unabhängig vom Ort des Unfalls oder von der Flagge, die das am Unfall beteiligte Schiff führt bzw. die beteiligten Schiffe führen.

(2) Außerdem führt die Untersuchungsstelle im Falle von schweren Unfällen eine vorläufige Beurteilung durch, um zu entscheiden, ob eine Sicherheitsuntersuchung durchgeführt wird. Entscheidet die Untersuchungsstelle, auf eine Sicherheitsuntersuchung zu verzichten, so sind die Gründe für diese Entscheidung gemäß Artikel 17 Absatz 3 zu speichern und zu melden.

Bei irgendeinem anderen Unfall oder Vorkommnis auf See entscheidet die Untersuchungsstelle, ob eine Sicherheitsuntersuchung durchzuführen ist.

In der im ersten und zweiten Unterabsatz genannten Entscheidung berücksichtigt die Untersuchungsstelle die Schwere des Unfalls oder Vorkommnisses auf See, die Art des beteiligten Schiffs und/oder der Ladung und die Möglichkeit, dass die Ergebnisse der Sicherheitsuntersuchung zur Vorbeugung von künftigen Unfällen und Vorkommnissen führen können.

(3) Umfang und konkrete Vorkehrungen für die Durchführung von Sicherheitsuntersuchungen werden von der Untersuchungsstelle des für die Untersuchungen federführenden Mitgliedstaats in Zusammenarbeit mit den zuständigen Stellen der anderen Staaten mit begründetem Interesse derart festgelegt, dass sie im Hinblick auf das Erreichen des Ziels der Richtlinie möglichst sinnvoll und auf die Verhü-

tung künftiger Unfälle und Vorkommnisse ausgerichtet sind.

(4) Bei Sicherheitsuntersuchungen folgt die Untersuchungsstelle der gemeinsamen, gemäß Artikel 2 Buchstabe e der Verordnung (EG) Nr. 1406/2002 entwickelten Methodik zur Untersuchung von Unfällen und Vorkommnissen auf See. Die Untersuchungsbeauftragten können von dieser Methodik in besonderen Fällen abweichen, wenn dies nach ihrem fachlichen Urteil als erforderlich angesehen werden kann und zum Erreichen der Untersuchungsziele notwendig ist. Die Kommission nimmt diese Methodik für die Zwecke dieser Richtlinie an oder ändert sie und berücksichtigt dabei bei Sicherheitsuntersuchungen gewonnene relevante Erkenntnisse.

Diese Maßnahme zur Änderung nicht wesentlicher Bestimmungen dieser Richtlinie, auch durch Ergänzung, wird nach dem in Artikel 19 Absatz 3 genannten Regelungsverfahren mit Kontrolle erlassen.

(5) Eine Sicherheitsuntersuchung wird so rasch wie möglich und jedenfalls nicht später als zwei Monate nach Eintreten eines Unfalls oder Vorkommnisses auf See eingeleitet.

Artikel 6
Meldepflicht

Die Mitgliedstaaten schreiben in ihren Rechtsvorschriften vor, dass ihre jeweilige Untersuchungsstelle von den zuständigen Behörden und/oder den Beteiligten unverzüglich über sämtliche Unfälle und Vorkommnisse zu unterrichten ist, die unter diese Richtlinie fallen.

Artikel 7
Leitung von Sicherheitsuntersuchungen und Teilnahme daran

(1) Prinzipiell unterliegen alle Unfälle oder Vorkommnisse auf See lediglich einer Untersuchung, die durch einen Mitgliedstaat durchgeführt wird, oder einen für die Untersuchungen federführenden Mitgliedstaat unter Mitwirkung eines anderen Staates mit wesentlichem Interesse.

Bei Sicherheitsuntersuchungen, an denen zwei oder mehr Mitgliedstaaten beteiligt sind, arbeiten daher die betreffenden Mitgliedstaaten zusammen, um schnell zu vereinbaren, welcher von ihnen der für die Untersuchungen federführende Mitgliedstaat sein soll. Sie bemühen sich nach Kräften, Einvernehmen über die Untersuchungsverfahren zu erzielen. Im Rahmen dieses Einvernehmens haben andere Staaten mit begründetem Interesse die gleichen Rechte und den gleichen Zugang zu Zeugen und Beweisen wie die Mitgliedstaaten, die die Sicherheitsuntersuchungen durchführen. Sie haben ferner das Recht auf eine Berücksichtigung ihres Standpunktes durch den für die Sicherheitsuntersuchungen federführenden Mitgliedstaat.

Die gleichzeitige Durchführung von Sicherheitsuntersuchungen zu demselben Unfall oder Vorkommnis auf See sollte strikt auf Ausnahmefälle beschränkt sein. In solchen Fällen benachrichtigt der Mitgliedstaat die Kommission unter Angabe der Gründe für die Durchführung solcher gleichzeitiger Sicherheitsuntersuchungen. Mitgliedstaaten, die gleichzeitige Sicherheitsuntersuchungen durchführen, kooperieren miteinander. Insbesondere tauschen die betroffenen Untersuchungsstellen sämtliche einschlägigen, im Laufe ihrer jeweiligen Untersuchungen gesammelten Informationen aus, um so weit wie möglich gemeinsame Schlussfolgerungen zu erzielen.

Die Mitgliedstaaten unterlassen alle Maßnahmen, die die Durchführung einer Sicherheitsuntersuchung innerhalb des Geltungsbereichs dieser Richtlinie unnötig behindern, aussetzen oder verzögern könnten.

(2) Ungeachtet des Absatzes 1 ist jeder Mitgliedstaat so lange für die Sicherheitsuntersuchung und die Koordinierung mit an- deren Mitgliedstaaten mit begründetem Interesse zuständig, bis eine Einigung darüber zustande kommt,

welcher von ihnen der für die Untersuchungen federführende Mitgliedstaat sein soll.

(3) Unbeschadet ihrer Verpflichtungen nach dieser Richtlinie und nach dem Völkerrecht kann ein Mitgliedstaat von
Fall zu Fall im gegenseitigen Einvernehmen die Leitung einer Sicherheitsuntersuchung oder die Durchführung spezifischer damit verbundener Aufgaben einem anderen Mitgliedstaat übertragen.

(4) Ist ein Ro-Ro-Fahrgastschiff oder Fahrgast-Hochgeschwindigkeitsfahrzeug an einem Unfall oder Vorkommnis
auf See beteiligt, leitet der Mitgliedstaat, in dessen Küstenmeer oder inneren Gewässern gemäß Definition des SRÜ
der Unfall bzw. das Vorkommnis eingetreten ist - bzw. bei
in anderen Gewässern eingetretenen Unfällen oder Vorkommnissen der letzte Mitgliedstaat, in dessen Hoheitsgewässern das Fahrgastschiff bzw. Fahrzeug verkehrt ist - die
Sicherheitsuntersuchung ein. Dieser Staat ist für die Sicherheitsuntersuchung und die Koordinierung mit anderen Staaten mit begründetem Interesse zuständig, bis eine Einigung
darüber zustande gekommen ist, welcher von ihnen der für
die Untersuchungen federführende Mitgliedstaat sein soll.

Artikel 8
Untersuchungsstellen

(1) Die Mitgliedstaaten gewährleisten, dass Sicherheitsuntersuchungen unter der Verantwortung einer unparteiischen ständigen Untersuchungsstelle durchgeführt werden, die mit den notwendigen Befugnissen ausgestattet und von entsprechend qualifizierten Untersuchungsbeauftragten durchgeführt werden, die für Fragen im Zusammenhang mit Unfällen und Vorkommnissen auf See kompetent sind.

Damit die Untersuchungsstelle die Sicherheitsuntersuchungen unvoreingenommen durchführen kann, ist sie organisatorisch, rechtlich und in ihren Entscheidungen unabhängig von allen Parteien, deren Interessen mit der ihr übertragenen Aufgabe in Konflikt treten könnten.

Binnenstaaten, die weder Schiffe noch andere Wasserfahrzeuge unter ihrer Flagge haben, benennen eine unabhängige Zentralstelle für die Mitwirkung an einer Untersuchung nach Artikel 5 Absatz 1 Buchstabe c.

(2) Die Untersuchungsstelle gewährleistet, dass die einzelnen Untersuchungsbeauftragten über Kenntnisse und praktische Erfahrungen in den Fachbereichen verfügen, die zu ihren üblichen Untersuchungsaufgaben gehören. Ferner stellt die Untersuchungsstelle erforderlichenfalls die rasche Zugänglichkeit geeigneter Fachkenntnisse sicher.

(3) Die der Untersuchungsstelle übertragenen Tätigkeiten können auch die Sammlung und Analyse von Daten zur Seeverkehrssicherheit beinhalten, insbesondere im Hinblick auf die Unfallverhütung, sofern diese Tätigkeiten die Unabhängigkeit der Stelle nicht beeinträchtigen oder Zuständigkeiten in Regulierungs-, Verwaltungs- und Normungsfragen mit sich bringen.

(4) Die Mitgliedstaaten gewährleisten im Rahmen ihrer jeweiligen Rechtsordnung, dass die Untersuchungsbeauftragten ihrer jeweiligen Untersuchungsstelle bzw. einer anderen Untersuchungsstelle, an die sie die Sicherheitsuntersuchung übertragen hat, gegebenenfalls in Zusammenarbeit mit den für die gerichtliche Untersuchung zuständigen Behörden, mit sämtlichen, für die Durchführung der Sicherheitsuntersuchung einschlägigen Informationen versorgt werden und daher folgende Befugnisse haben:

a) freier Zugang zu allen relevanten Gebieten bzw. Unfallorten sowie zu allen Schiffen, Wracks und Bauten, einschließlich Ladung, Ausrüstung und Trümmern;

b) sofortige Spurenaufnahme und überwachte Suche nach so- wie Entnahme von Wrackteilen, Trümmern und sonstigen Bauteilen oder Stoffen zu Untersuchungs- oder Auswertungszwecken;

c) Anforderung der Untersuchung bzw. Analyse der unter Buchstabe b genannten Gegenstände und freier Zugang zu den Ergebnissen solcher Untersuchungen bzw. Analysen;

d) freier Zugang zu allen sachdienlichen Informationen und Aufzeichnungen, einschließlich VDR-Daten, die sich auf ein Schiff, eine Fahrt, eine Ladung, eine Mannschaft oder eine sonstige Person, einen Gegenstand, einen Zustand oder einen Umstand beziehen, sowie Vervielfältigung und Nutzung solcher Daten;

e) freier Zugang zu den Ergebnissen von Untersuchungen der Körper von Opfern und zu Tests, die mit Proben aus Körpern von Opfern durchgeführt wurden;

f) Anforderung von und freier Zugang zu den Ergebnissen von Untersuchungen der am Betrieb eines Schiffes beteiligten Personen oder anderer relevanter Personen oder zu Tests an den ihnen entnommenen Proben;

g) Befragung von Zeugen in Abwesenheit von Personen, deren Interessen als für die Sicherheitsuntersuchung hinderlich gelten könnten;

h) Erhalt von Aufzeichnungen von Schiffsbesichtigungen und sachdienlichen Informationen im Besitz des Flaggenstaates, der Schiffseigner, der Klassifikationsgesellschaften oder anderer relevanter Beteiligter, sofern diese oder ihre Vertreter in dem jeweiligen Mitgliedstaat ansässig sind;

i) Ersuchen um den Beistand der zuständigen Behörden der jeweiligen Staaten, einschließlich der Besichtiger des Flaggenstaats und des Hafenstaats, der Bediensteten der Küstenwache, des für die Überwachung des Schiffsverkehrs zuständigen Personals der Verkehrszentralen, der Such- und Rettungsdiensteinheiten, der Lotsen und von sonstigem Hafen- oder Seeschifffahrtspersonal.

(5) Die Untersuchungsstelle wird in die Lage versetzt, bei der Benachrichtigung über einen Unfall, gleichgültig zu welchem Zeitpunkt, unverzüglich zu reagieren und über ausreichende Ressourcen für eine unabhängige Erfüllung ihrer Aufgabe zu verfügen. Ihre Untersuchungsbeauftragten erhalten den für die Gewährleistung ihrer Unabhängigkeit erforderlichen Status.

(6) Die Untersuchungsstelle kann gleichzeitig mit den Aufgaben im Rahmen dieser Richtlinie auch die Untersuchung anderer Vorkommnisse als Seeunfälle übernehmen, soweit diese Untersuchungen ihre Unabhängigkeit nicht in Frage stellen.

Artikel 9
Vertraulichkeit

Unbeschadet der Richtlinie 95/46/EG gewährleisten die Mitgliedstaaten im Rahmen ihrer jeweiligen Rechtsordnung, dass die nachstehenden Informationen nicht zu anderen Zwecken als zur Sicherheitsuntersuchung zur Verfügung gestellt werden, es sei denn, die zuständige Behörde des jeweiligen Mitgliedstaates entscheidet, dass ein überwiegendes öffentliches Interesse an der Verbreitung besteht:

a) sämtliche Zeugenaussagen und sonstige Erklärungen, Berichte und Aufzeichnungen, die von der Untersuchungsstelle im Verlauf der Sicherheitsuntersuchung erfasst bzw. niedergeschrieben werden;

b) Informationen, die die Identität von Personen preisgeben, die im Rahmen der Sicherheitsuntersuchung ausgesagt haben;

c) Informationen besonders sensibler und privater Natur, einschließlich gesundheitsbezogener Informationen über Personen, die von dem Unfall oder Vorkommnis auf See betroffen sind.

Artikel 10
Rahmen für die ständige Zusammenarbeit

(1) Die Mitgliedstaaten errichten in enger Kooperation mit der Kommission einen Rahmen für die ständige Zusammenarbeit, damit ihre jeweiligen Untersuchungsstellen miteinander in dem Maße zusammenarbeiten können, dass die Ziele dieser Richtlinie erreicht werden.

(2) Die Verfahrensordnung für den Rahmen für die ständige Zusammenarbeit und die dafür erforderlichen organisatorischen Vereinbarungen werden nach dem in Artikel 19 Absatz 2 genannten Regelungsverfahren beschlossen.

(3) Innerhalb des Rahmens für die ständige Zusammenarbeit vereinbaren die Untersuchungsstellen in den Mitgliedstaaten insbesondere die Modalitäten der Zusammenarbeit, mit denen Folgendes am besten erreicht werden kann:

a) gemeinsame Nutzung durch die Untersuchungsstellen von Einrichtungen, Anlagen und Geräten für die technische Untersuchung von Wrackteilen, Bordausrüstungen und anderen für die Sicherheitsuntersuchung relevanten Gegenständen, einschließlich der Gewinnung und Auswertung von Daten von VDR und sonstigen elektronischen Geräten;

b) gegenseitige Bereitstellung von technischer Hilfe oder Fachkenntnissen zur Erfüllung spezifischer Aufgaben;

c) Erwerb und Austausch von Informationen, die für die Analyse von Unfalldaten sowie für die Abgabe geeigneter Sicherheitsempfehlungen auf Gemeinschaftsebene von Belang sind;

d) Aufstellung gemeinsamer Grundsätze für die Umsetzung von Sicherheitsempfehlungen und für die Anpassung von Untersuchungsmethoden an die Entwicklung des technischen und wissenschaftlichen Fortschritts;

e) die in Artikel 16 genannten Frühwarnungen auf geeignete Weise zu regeln;

f) Aufstellung von Vertraulichkeitsregeln für den Austausch - unter Achtung der innerstaatlichen Vorschriften - von Zeugenaussagen und die Verarbeitung von Daten und anderen Informationen nach Artikel 9, auch im Rahmen der Beziehungen zu Drittländern;

g) gegebenenfalls Organisation einschlägiger Schulungsmaßnahmen für einzelne Untersuchungsbeauftragte;

h) Förderung der Zusammenarbeit mit den Untersuchungsstellen von Drittländern und mit den internationalen Organisationen für die Untersuchung von Seeunfällen in den unter diese Richtlinie fallenden Bereichen;

i) Bereitstellung aller sachdienlichen Informationen an die Untersuchungsstellen, die die Sicherheitsuntersuchungen durchführen.

Artikel 11
Kosten

(1) Bei Sicherheitsuntersuchungen, an denen zwei oder mehr Mitgliedstaaten beteiligt sind, werden für die jeweiligen Tätigkeiten keine Gebühren erhoben.

(2) Falls ein Mitgliedstaat, der nicht an der Sicherheitsuntersuchung beteiligt ist, um Unterstützung gebeten wird, vereinbaren die Mitgliedstaaten eine Erstattung der anfallenden Kosten.

Artikel 12
Zusammenarbeit mit Drittländern
mit begründetem Interesse

(1) Die Mitgliedstaaten arbeiten bei den Sicherheitsuntersuchungen so weit wie möglich mit Drittländern mit begründetem Interesse zusammen.

(2) Drittländern mit begründetem Interesse wird es im gegenseitigen Einvernehmen gestattet, sich einer Sicherheits-

untersuchung, die von einem Mitgliedstaat im Rahmen dieser Richtlinie durchgeführt wird, in jeder Phase der Untersuchung anzuschließen.

(3) Die Mitwirkung eines Mitgliedstaats an einer Sicherheitsuntersuchung, die von einem Drittland mit begründetem Interesse durchgeführt wird, erfolgt unbeschadet der Pflichten bezüglich der Durchführung von Sicherheitsuntersuchungen und der Berichterstattung darüber im Rahmen dieser Richtlinie. Ist ein Drittland mit begründetem Interesse federführend bei einer Sicherheitsuntersuchung, an der ein oder mehrere Mitgliedstaaten beteiligt sind, so können die Mitgliedstaaten beschließen, keine gleichzeitig stattfindenden Sicherheitsuntersuchungen durchzuführen, sofern die von dem Drittland geleitete Sicherheitsuntersuchung gemäß dem IMO-Code für die Untersuchung von Unfällen und Vorkommnissen auf See durchgeführt wird.

Artikel 13
Beweissicherung

Die Mitgliedstaaten erlassen Maßnahmen, um zu gewährleisten, dass die von Unfällen und Vorkommnissen im Anwendungsbereich dieser Richtlinie betroffenen Parteien sich nach Kräften um Folgendes bemühen:

a) die Speicherung sämtlicher Daten von Seekarten, Schiffstagebüchern, elektronischen und magnetischen Aufzeichnungen sowie Videobändern, einschließlich Daten von VDR und sonstigen elektronischen Geräten, über den Zeitraum vor, während und nach einem Unfall;

b) die Verhinderung des Überschreibens oder sonstiger Veränderungen solcher Daten;

c) den Schutz anderer Geräte, die berechtigterweise für die Sicherheitsuntersuchung des Unfalls als wesentlich gelten, vor Störungen;

d) die unverzügliche Einholung und Sicherung aller Beweise für Sicherheitsuntersuchungen.

Artikel 14

Untersuchungsberichte

(1) Über im Rahmen dieser Richtlinie durchgeführte Sicherheitsuntersuchungen wird ein Bericht veröffentlicht, der in einem von der zuständigen Untersuchungsstelle bestimmten Format und in Einklang mit den entsprechenden Abschnitten des Anhangs I verfasst wird.

Die Untersuchungsstellen können beschließen, dass über eine Sicherheitsuntersuchung, die keinen sehr schweren beziehungsweise schweren Unfall auf See betrifft und deren Ergebnisse voraussichtlich nicht zur Vorbeugung künftiger Unfälle und Vorkommnisse führen werden, ein vereinfachter Bericht erstellt wird, der zu veröffentlichen ist.

(2) Die Untersuchungsstellen ergreifen die notwendigen Maßnahmen, um den in Absatz 1 genannten Bericht, einschließlich dessen Schlussfolgerungen und jeglicher Empfehlungen, innerhalb von 12 Monaten ab dem Datum des Unfalls der Öffentlichkeit und insbesondere dem Seeverkehrssektor zugänglich zu machen. Ist es nicht möglich, den Abschlussbericht in dieser Zeit zu verfassen, wird innerhalb von 12 Monaten nach dem Tag des Unfalls oder Vorkommnisses ein Zwischenbericht veröffentlicht.

(3) Die Untersuchungsstelle des für die Untersuchungen federführenden Mitgliedstaats übermittelt der Kommission eine Ausfertigung des Abschlussberichts, des vereinfachten Berichts oder des Zwischenberichts. Sie berücksichtigt mögliche technische Anmerkungen der Kommission zu den Abschlussberichten, die den Inhalt der Ergebnisse nicht beeinflussen, im Hinblick auf die Verbesserung der Qualität des Berichts so, wie es am ehesten zur Erreichung des Ziels dieser Richtlinie beiträgt.

Artikel 15
Sicherheitsempfehlungen

(1) Die Mitgliedstaaten sorgen dafür, dass die Adressaten die von den Untersuchungsstellen abgegebenen Sicherheitsempfehlungen gebührend berücksichtigen und diese unter Einhaltung des Gemeinschafts- und Völkerrechts gegebenenfalls angemessen weiterverfolgt werden.

(2) Gegebenenfalls gibt eine Untersuchungsstelle oder die Kommission Sicherheitsempfehlungen auf der Grundlage einer Analyse abstrakter Daten und der Gesamtergebnisse der durchgeführten Sicherheitsuntersuchungen ab.

(3) Eine Sicherheitsempfehlung unternimmt unter keinen Umständen die Feststellung der Haftung oder Zuweisung von Schuld für einen Unfall.

Artikel 16
Frühwarnsystem

Unbeschadet ihres Rechts auf Veröffentlichung einer Frühwarnung unterrichtet die Untersuchungsstelle eines Mitgliedstaats zu jedem Zeitpunkt einer Sicherheitsuntersuchung die Kommission unverzüglich über die Notwendigkeit einer Frühwarnung, falls sie zu der Ansicht gelangt, dass auf Gemeinschaftsebene dringend gehandelt werden muss, um der Gefahr neuer Unfälle vorzubeugen.

Falls erforderlich gibt die Kommission eine Warnung an die zuständigen Behörden in allen anderen Mitgliedstaaten, an die Seeverkehrswirtschaft und an alle anderen betroffenen Parteien aus.

Artikel 17
Europäische Datenbank für Unfälle auf See

(1) Daten über Unfälle und Vorkommnisse auf See werden in einer europäischen elektronischen Datenbank gespeichert und ausgewertet, die die Kommission unter der Bezeichnung „Europäisches Informationsforum für Unfälle auf See" (European Marine Casualty Information Platform - EMCIP) einrichten wird.

(2) Die Mitgliedstaaten melden der Kommission die Behörden, die für diese Datenbank zugangsberechtigt sind.

(3) Die Untersuchungsstellen der Mitgliedstaaten melden der Kommission Unfälle und Vorkommnisse auf See gemäß den Vorgaben in Anhang II. Sie legen der Kommission auch Daten gemäß der Regelung über die EMCIP-Datenbank vor, die aus Sicherheitsuntersuchungen gewonnen werden.

(4) Die Kommission und die Mitgliedstaaten entwickeln eine Datenbank-Regelung und eine Methode für die Meldung von Daten innerhalb angemessener Fristen.

Artikel 18
Faire Behandlung von Seeleuten

Im Einklang mit ihrem einzelstaatlichen Recht berücksichtigen die Mitgliedstaaten die entsprechenden Bestimmungen der Leitlinien der IMO über die faire Behandlung von Seeleuten bei einem Unfall auf See in ihren Hoheitsgewässern.

Artikel 19
Ausschussverfahren

(1) Die Kommission wird von dem Ausschuss für die Sicherheit im Seeverkehr und die Vermeidung von Umweltverschmutzung durch Schiffe (COSS) unterstützt, der durch die Verordnung (EG) Nr. 2099/2002 des Europäischen Parlaments und des Rates[21] eingesetzt wurde.

(2) Wird auf diesen Absatz Bezug genommen, so gelten die Artikel 5 und Artikel 7 des Beschlusses 1999/468/EG unter Beachtung von dessen Artikel 8.

---

[21] ABL. L 324 vom 29.11.2002, S. 1.

Die Frist nach Artikel 5 Absatz 6 des Beschlusses 1999/468/EG wird auf zwei Monate festgesetzt.

(3) Wird auf diesen Absatz Bezug genommen, so gelten Artikel 5a Absätze 1 bis 4 sowie Artikel 7 des Beschlusses 999/468/EG unter Beachtung von dessen Artikel 8.

Artikel 20
Änderungsbefugnisse

Die Kommission kann die Begriffsbestimmungen in dieser Richtlinie sowie die Verweise auf Rechtsakte der Gemeinschaft und der IMO aktualisieren, um sie an Gemeinschafts- oder IMO-Vorschriften, die zwischenzeitlich in Kraft getreten sind, anzupassen, soweit dabei der Anwendungsbereich dieser Richtlinie nicht ausgeweitet wird.

Diese Maßnahmen zur Änderung nicht wesentlicher Bestimmungen dieser Richtlinie, auch durch Ergänzung, werden nach dem in Artikel 19 Absatz 3 genannten Regelungsverfahren mit Kontrolle erlassen.

Die Kommission kann nach demselben Verfahren auch die Anhänge ändern.
Änderungen des IMO-Codes für die Untersuchung von Unfällen und Vorkommnissen auf See können gemäß

Artikel 5 der Verordnung (EG) Nr. 2099/2002 aus dem Anwendungsbereich dieser Richtlinie ausgeklammert werden.

Artikel 21
Zusätzliche Maßnahmen

Diese Richtlinie hindert einen Mitgliedstaat in keiner Weise daran, zusätzliche Maßnahmen zur Sicherheit auf See zu
ergreifen, die nicht unter diese Richtlinie fallen, vorausgesetzt, dass solche Maßnahmen nicht gegen diese Richtlinie
verstoßen oder in irgendeiner Weise weder die Erreichung
ihrer Ziele beeinträchtigen noch ihre Umsetzung gefährden.

Artikel 22
Sanktionen

Die Mitgliedstaaten legen die Sanktionen für Verstöße gegen die aufgrund dieser Richtlinie erlassenen innerstaatlichen Vorschriften fest und treffen alle erforderlichen Maßnahmen, um sicherzustellen, dass diese Sanktionen angewendet werden. Die vorgesehenen Sanktionen müssen
wirksam, verhältnismäßig und abschreckend sein.

Artikel 23
Bericht über die Umsetzung

Die Kommission legt alle fünf Jahre dem Europäischen Parlament und dem Rat einen Bericht über die Umsetzung und Einhaltung dieser Richtlinie vor und schlägt, falls notwendig, weitere Maßnahmen unter Berücksichtigung der dort genannten Empfehlungen vor.

Artikel 24
Änderungen bestehender Rechtsakte

(1) Artikel 12 der Richtlinie 1999/35/EG wird gestrichen.

(2) Artikel 11 der Richtlinie 2002/59/EG wird gestrichen.

Artikel 25
Umsetzung

(1) Die Mitgliedstaaten setzen die Rechts- und Verwaltungsvorschriften in Kraft, die erforderlich sind, um dieser Richtlinie spätestens ab dem 17. Juni 2011 nachzukommen. Wenn die Mitgliedstaaten diese Vorschriften erlassen, nehmen sie in den Vorschriften selbst oder durch einen Hinweis bei der amtlichen Veröffentlichung auf diese Richtlinie Bezug. Die Mitgliedstaaten regeln die Einzelheiten der Bezugnahme.

(2) Die Mitgliedstaaten teilen der Kommission den Wortlaut der wichtigsten innerstaatlichen Rechtsvorschriften mit, die sie auf dem unter diese Richtlinie fallenden Gebiet erlassen.

Artikel 26
Inkrafttreten

Diese Richtlinie tritt am zwanzigsten Tag nach ihrer Veröffentlichung im Amtsblatt der Europäischen Union in Kraft.

Artikel 27
Adressaten

Diese Richtlinie ist an die Mitgliedstaaten gerichtet.

Geschehen zu Straßburg am 23. April 2009.

Im Namen des Europäischen Parlaments	Im Namen des Rates
Der Präsident	Der Präsident
H.-G. PÖTTERING	P. NEČAS

ANHANG I

Inhalt des Berichts über die Sicherheitsuntersuchung

Vorwort

Hier wird der einzige Zweck der Sicherheitsuntersuchung dargestellt und darauf hingewiesen, dass eine Sicherheitsempfehlung keinesfalls eine Haftungs- oder Schuldvermutung schafft und, dass der Bericht inhaltlich und stilistisch nicht mit der Absicht verfasst wurde, in einem juristischen Verfahren verwendet zu werden.

(Der Bericht sollte weder Verweise auf Zeugenaussagen enthalten noch eine Person, die in diesem Bericht genannt wird, mit einer Person in Verbindung bringen, die im Zuge der Sicherheitsuntersuchung eine Zeugenaussage gemacht hat.)

1. ZUSAMMENFASSUNG

In diesem Teil werden die grundlegenden Fakten zu dem Unfall oder Vorkommnis auf See dargelegt: Was hat sich wann, wo und wie ereignet? Gab es Tote, Verletzte, Schäden am Schiff oder an der Ladung, Schäden Dritter oder Umweltschäden?

2. FAKTEN

Dieser Teil enthält verschiedene Abschnitte, deren Inhalt hinreichende Informationen enthält, die die Untersuchungsstelle als Fakten bewertet, die die Analyse substantiieren und das Verständnis erleichtern.
Hierzu gehören insbesondere die folgenden Angaben:

2.1. Schiffsdaten

Flagge/Register, Identifizierung, Hauptmerkmale, Eigner und Geschäftsführung, Einzelheiten der Konstruktion, Mindestbesatzung, zulässige Ladung.

2.2. Reisedaten

Anlaufhäfen, Art der Fahrt, Angaben zur Ladung, Besatzung.

2.3. Angaben zu dem Unfall oder Vorkommnis auf See

Art des Unfalls oder Vorkommnisses auf See, Datum und Uhrzeit, Position und Ort des Unfalls oder Vorkommnisses auf See, äußere und innere Umstände, Schiffsbetrieb und Fahrtabschnitt, Platz an Bord, menschlicher Faktor, Folgen (für Mensch, Schiff, Ladung und Umwelt sowie sonstige Folgen).

2.4. Einschaltung der Behörden an Land und Notfallmaßnahmen

- beteiligte Personen,

- eingesetzte Mittel,

- Reaktionsschnelligkeit,

- ergriffene Maßnahmen,

- Ergebnisse.

3. DARSTELLUNG DES UNFALLHERGANGS

In diesem Teil ist der Hergang des Unfalls oder Vorkommnisses auf See unter chronologischer Auflistung der Vorfälle zu schildern, die sich vor, während und nach dem Unfall
oder Vorkommnis auf See ereignet haben, und die jeweiligen Akteure zu nennen (Personen, Material, Umfeld, Ausrüstung oder externer Agent). Die Darstellung des Unfall-
hergangs erstreckt sich auf den Zeitraum, in dem sich die
Vorfälle ereignet haben, die direkt zu dem Unfall oder Vorkommnis auf See geführt haben.
Dieser Teil enthält auch alle sachdienlichen Angaben über
die durchgeführten Sicherheitsuntersuchungen, einschließlich der Ergebnisse von Untersuchungen oder Prüfungen.

4. AUSWERTUNG

Dieser Teil enthält verschiedene Abschnitte, die Aufschluss über jeden unfallrelevanten Vorfall geben und Erläuterungen zu den Ergebnissen etwaiger relevanter Untersuchungen oder Prüfungen enthalten, die im Laufe der Sicherheitsuntersuchung durchgeführt wurden, sowie zu etwaigen Sicherheitsmaßnahmen, die bereits zur Verhütung von Unfällen auf See ergriffen wurden.

In diesen Abschnitten sollten folgende Fragen behandelt werden:

- Zusammenhang und Umstände des Unfalls,

- menschliches Versagen oder Unterlassungen, Vorfälle unter Beteiligung von gefährlichem Material, Umweltauswirkungen, Geräteversagen und äußere Einflüsse,

- Faktoren, die auf Funktionen von Personen, Schiffsbetriebsmaßnahmen, Maßnahmen der Behörde an Land oder Vorschriften zurückzuführen sind.

Die im Bericht dargelegten Auswertungen und Bemerkungen erlauben logische Rückschlüsse auf sämtliche unfallrelevante Faktoren, auch auf solche, die zwar zur Verhütung von Unfällen und/oder zur Verhinderung oder

Minimierung der Unfallfolgen vorgesehen sind, bei denen sich aber herausgestellt hat, dass sie ungeeignet oder nicht vorhanden sind.

5. SCHLUSSFOLGERUNGEN

In diesem Teil werden die Faktoren, die nachweislich zum Unfall geführt haben, sowie die fehlenden oder ungeeigneten Unfallverhütungsmaßnahmen (Material, Funktionen, Symbole oder Verfahren) zusammengestellt, für die Sicherheitsmaßnahmen entwickelt werden sollten, um Unfälle auf See zu vermeiden.

6. SICHERHEITSEMPFEHLUNGEN

Dieser Teil des Berichts enthält gegebenenfalls Sicherheitsempfehlungen, die sich aus der Auswertung und den Schlussfolgerungen ergeben und die sich auf bestimmte Aspekte beziehen, wie Rechtslage, Konzeption, Verfahren, Inspektionen, Management, Gesundheit und Sicherheit am Arbeitsplatz, Schulung, Reparatur- und Wartungsarbeiten, Unterstützung durch die Behörden an Land und Notfallmaßnahmen.

Die Sicherheitsempfehlungen zur Verhütung von Unfällen auf See sind an die Stellen zu richten, die am besten geeignet sind, sie auch umzusetzen, wie Schiffseigner, Geschäftsführer, anerkannte Organisationen, Schifffahrtsbehörden, Schiffsverkehrsdienste, Notfalldienste, internationale Seeschifffahrtsbehörden und europäische Institutionen.

Hierzu gehören auch etwaige Sicherheitsempfehlungen, die bereits während der laufenden Sicherheitsuntersuchungen ausgesprochen bzw. ergriffen wurden.

7. ANLAGEN

Gegebenenfalls ist die folgende nicht abschließende Liste von Angaben dem in Papier- und/oder in elektronischer Form vorliegenden Bericht beizufügen:

- Bilder, Filme, Tonaufnahmen, Karten, Zeichnungen,

- geltende Normen,

- verwendete technische Begriffe und Abkürzungen,

- besondere Sicherheitsstudien,

- sonstige Informationen.

ANHANG II

FÜR DIE MELDUNG VON UNFÄLLEN ODER VORKOMMNISSEN AUF SEE BENÖTIGTE DATEN

(Teil des Europäischen Informationsforums für Unfälle auf See)

NB: Unterstrichene Zahlen bedeuten, dass die Angaben für jedes Schiff zu machen sind, sofern mehr als ein Schiff an dem Unfall oder Vorkommnis auf See beteiligt ist.

01. Zuständiger Mitgliedstaat/Ansprechpartner

02. Untersuchender Mitgliedstaat

03. Rolle des Mitgliedstaats

04. Betroffener Küstenstaat

05. Anzahl der Staaten mit begründetem Interesse

06. Staaten mit begründetem Interesse

07. Meldestelle

08. Zeitpunkt der Meldung

09. Datum der Meldung

10. Name des Schiffes

11. IMO-Kennnummer/Unterscheidungssignal

12. Schiffsflagge

13. Art des Unfalls oder Vorkommnisses auf See

14. Schiffstyp

15. Datum des Unfalls oder Vorkommnisses auf See

16. Uhrzeit des Unfalls oder Vorkommnisses auf See

17. Position - Breitengrad

18. Position - Längengrad

19. Ort des Unfalls oder Vorkommnisses auf See

20. Auslaufhafen

21. Bestimmungshafen

22. Verkehrstrennungsgebiet

23. Fahrtabschnitt

24. Schiffsbetrieb

25. Platz an Bord

26. Tote:
   - Besatzung

   - Passagiere

   - Andere

27. Schwerverletzte:
   - Besatzung

   - Passagiere

   - Andere

28. Verschmutzung

29. Schäden am Schiff

30. Schäden an der Ladung

31. Sonstige Schäden

<u>32.</u> Kurze Beschreibung des Unfalls oder Vorkommnisses auf See

33. Kurze Beschreibung der Gründe für den Verzicht auf eine Sicherheitsuntersuchung.